すみっコぐらし

心《しん》理《り》テスト

学《がっ》校《こう》編《へん》

すみっコぐらし と いつもいっしょ

すみっコたちのくらしを
こっそりのぞいてみよう♪

すみっコたちの毎《まい》日《にち》は、
いろんなことが
あるよ。

みんなで
まったり
お茶《ちゃ》を飲《の》んだり、

お勉《べん》強《きょう》をしたり、
運《うん》動《どう》をしたりして、
楽《たの》しそう。

おいしい
アイスを
食《た》べたり、

お買《か》いものに
行《い》ったり、

今日《きょう》も
仲《なか》よく
すごして
いるよ♪

しろくま

北《きた》からにげてきた、
さむがりで
ひとみしりのくま。
あったかいお茶《ちゃ》を
すみっこで
のんでいる時《とき》が
いちばんおちつく。

しろくまファッションショー

赤《あか》をさし色《いろ》にした
コーディネートが得《とく》意《い》!?

よそいきスタイル

りんごのベレー帽《ぼう》

ルームウェア

ホテルスタッフ

チェックのエプロン♪

おすしになりきり!?

ぺんぎん？

自分《じぶん》はぺんぎん？
自信《じしん》がない。
昔《むかし》はあたまにお皿《さら》が
あったような…

昔《むかし》こんなかんじ
だった
ような…？ →

ぺんぎん？ファッションショー

あるときはパイロット？
あるときはかっぱ巻《ま》き！？

かっこいいパイロット

かっぱ巻《ま》き！？

ルームウェア

気分《きぶん》は名《めい》たんてい

先生《せんせい》スタイル！

アイスクリーム屋《や》さん♪

とんかつ

とんかつのはじっこ。
おにく 1%《パーセント》、
しぼう 99%《パーセント》。
あぶらっぽいから
のこされちゃった…

とんかつファッションショー

あぶらっぽいころもの色《いろ》をいかした
なりきりファッションがかわいい♥

ステッキがおしゃれ！

すずめになりきり!?

ルームウェア

たこ焼《や》きになっちゃった…？

セイウチの着《き》ぐるみ!?

ねこ

はずかしがりやで
体型《たいけい》を気《き》にしている。
気《き》が弱《よわ》く、よくすみっこを
ゆずってしまう。

ねこファッションショー

じつはガーリーな
コーディネートが多《おお》いかも?

ナイトキャップ

よそいきスタイル!?

きのこに変身《へんしん》!

店員《てんいん》さんになりきり

ガイドさん

ちょっぴり外国風《がいこくふう》

とかげ

じつはきょうりゅうの
生《い》きのこり。つかまっちゃう
のでとかげのふり。
みんなにはひみつ。

とかげファッションショー

体《からだ》の色《いろ》をいかした
さわやかコーディネート☆

ヨーグルトに変身《へんしん》!?

ガイドさん

アイスになっちゃった!?

とかげの着《き》ぐるみ!?

りんごパンツ！

船乗《ふなの》りさん…？

えびふらいのしっぽ

かたいから
食《た》べのこされた。
とんかつとは
こころつうじる友《とも》。

あげもの仲間《なかま》でのこりもの仲間《なかま》のとんかつとよく一緒《いっしょ》にいる。

なかよしすみっコ
とんかつ

タルタルソース

たぴおか

ミルクティーだけ
先《さき》にのまれて
吸《す》いにくいから
のこされて
しまった。

性格《せいかく》：ひねくれもの

無表情《むひょうじょう》。

よくらくがきをする。

よくなにかのまねをする。

ぷにぷに。

ふつうのたぴおかよりもっとひねくれている。

ブラックたぴおか

ふろしき

しろくまのにもつ。
すみっこのばしょとりやさむい時《とき》に
使《つか》われる。

防寒用《ぼうかんよう》にも。

クッションにも…

にもつはこびにも。

なかよしすみっコ
しろくま

すみっこのばしょとりに…

ざっそう

いつかあこがれの
お花屋《はなや》さんでブーケに
してもらう！という夢《ゆめ》を
持《も》つポジティブな草《くさ》。

ねぼけてるねこに
ねこくさと間違《まちが》われて
かじられることも…

社交的《しゃこうてき》。

ねこがよく水《みず》をかけてくれる。

なかよしすみっコ
ねこ

にせつむり

じつはカラを
かぶった
なめくじ。
うそついて
すみません…

かたつむりにあこがれて
カラをかぶったけれど、
ちょっぴりうしろめたい…
すみっコたちには
なめくじだとバレている。

よくカラじゃない
ものもかぶっている。

ほこり

すみっこによく
たまる
のうてんきな
やつら。

外《そと》にでると風《かぜ》に
とばされる。

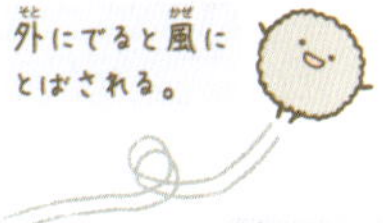

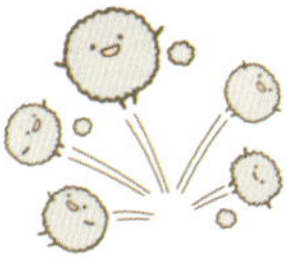

水《みず》に弱《よわ》い。

分裂《ぶんれつ》して小《ちい》さく
なったり集合《しゅうごう》して
大《おお》きくなったり
できる。

すずめ

ただのすずめ。
とんかつを
気《き》に入《い》って
ついばみにくる。

とんかつの
ころもを
ついっ…

ふくろうとなかよし。

おばけ

屋根裏《やねうら》のすみっこに
すんでいる。
こわがられたく
ないのでひっそりと
している。

おもしろいことがすき。口《くち》をひらくと
こわがられるので、なるべくとじている。

まめマスターの
コーヒーにほれて
喫茶《きっさ》すみっコで
バイトをはじめた。

ふくろう

夜《や》行《こう》性《せい》だけど
なかよしのすずめに
合《あ》わせてがんばって
昼《ひる》間《ま》に起《お》きている。
いつもねむくて目《め》の
下《した》にクマができている。

目《め》が覚《さ》めた時《とき》

たまにぱっちり目《め》が
覚《さ》めた時《とき》、福《ふく》を呼《よ》び
寄《よ》せるといううわさ。

ねぶそく

すずめとなかよし

もぐら

地《ち》下《か》のすみっこで
くらしていた。
上《うえ》がさわがしくて
気《き》になり、はじめて
地《ち》上《じょう》に出《で》た。

赤《あか》い長《なが》靴《くつ》が
お気《き》に入《い》り。

はじめて見《み》る地《ち》上《じょう》のすみっコ
たちにきょうみしんしん。

他《ほか》のすみっコたちの
まねをする。

ぺんぎん（本《ほん》物《もの》）

性《せい》格《かく》：フレンドリー

だれとでもすぐ
なかよくなれる。

しろくまが北《きた》にいたころに出《で》会《あ》った
ともだち。とおい南《みなみ》からやってきて
世《せ》界《かい》中《じゅう》を旅《たび》している。

だいじ：
ふろしき（ボーダー）

思《おも》い出《で》話《ばなし》

とかげ（本物《ほんもの》）

とかげのともだち。
森《もり》でくらしている
本《ほん》物《もの》のとかげ。
細《こま》かいことは
気《き》にしない
のんきな性格《せいかく》。

とかげ（本物《ほんもの》）は
とかげがきょうりゅう
だということは
まだ知《し》らない…

性格《せいかく》：のんき

とかげと
なかよし

とかげのおかあさん

きょうりゅうの生《い》きのこり。
海《うみ》のすみっこでくらしている。
とてもやさしいおかあさん。

別名《べつめい》：スミッシー

すみっ湖《こ》に現《あらわ》れるという
うわさのスミッシーの正体《しょうたい》は
とかげのおかあさん。

やま

のぼられることも。

ふじさんにあこがれている
ちいさいやま。温泉《おんせん》に現《あらわ》れては
ふじさんになりすましている。

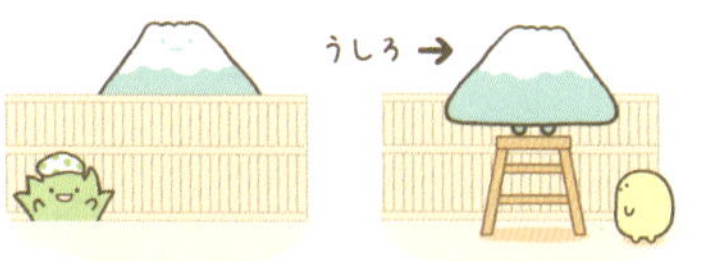

柵《さく》からのぞいてふじさんになりすまし。

もくじ

第《だい》1章《しょう》

あなたの愛《あい》されキャラ診《しん》断《だん》テスト

すみっコぐらしたちといっしょに
あなたのキャラをテッテイ診《しん》断《だん》!
かくれたミリョクもわかっちゃうよ!

Q.1

授業《じゅぎょう》中《ちゅう》、「ここ大事《だいじ》なとこだよ」と、先生《せんせい》が黒板《こくばん》をポン！　メモを取《と》ろうと、とっさにあなたが手《て》にしたのはどれ？

A　えんぴつ

B　ボールペン

C　サインペン

D　けい光《こう》マーカー

E　色《いろ》えんぴつ

F　油性《ゆせい》ペン

じかんわり
月 火 水 木 金
1 すみ すみ すみ すみ すみ
2 ごはん ごはん ごはん ごはん ごはん
3 おやつ ひるね ひるね ひるね おやつ
4 すみ すみ すみ
～ぺんぎん？こうざ～
きゅうり
○月×日
ねこ
ざっそう
めざせ
すみっコ
けんてい
ごうかく

Q.1 のテストでわかるのは……

あなたの愛《あい》されキャラ

“愛《あい》されキャラ”とは、クラスメイトやまわりの人《ひと》から見《み》たあなたの「ミリョク」のこと。どんなところがみんなに好《す》かれているのかがわかっちゃうよ★

Aを選《えら》んだあなた

まっすぐ誠《せい》実《じつ》キャラ

あなたは、きちんとしていてマジメなコ。人《ひと》が見《み》ていないところでも、やらなきゃいけない役《やく》割《わり》をちゃんと果《は》たせる、まっすぐな性《せい》格《かく》だよ！
ウソをつかないし、だれも傷《きず》つけないところが、いちばんのミリョク♪

ハッピーカラー　ホワイト
ハッピーアイテム　ハンカチ
ハッピーナンバー　7
ハッピーフード　サンドイッチ

Bを選《えら》んだあなた

しっかりリーダーキャラ

あなたは、知的《ちてき》な優等生《ゆうとうせい》タイプ。だれかが困《こま》っていたら、「こうするといいよ」ってアドバイスができる人《ひと》だよ！ クラスがまとまらないときは、自分《じぶん》から進《すす》んでみんなを引《ひ》っぱっていくこともあるよ!! クラスメイトから信《しん》らいされているところが、いちばんのミリョク★

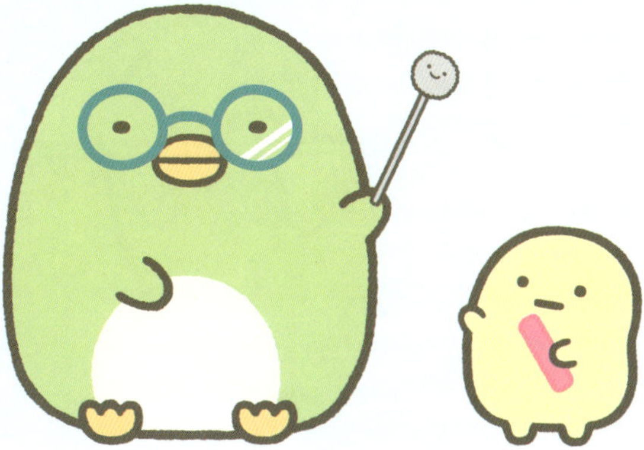

ハッピーカラー	レッド	ハッピーアイテム	カチューシャ
ハッピーナンバー	1	ハッピーフード	ハンバーグ

Cを選《えら》んだあなた

元《げん》気《き》ハツラツキャラ

あなたは、アクティブで元《げん》気《き》いっぱい♪　おもしろそうなこと、
楽《たの》しそうなことを見《み》つけては、だれよりも先《さき》にダッシュ!!
ときどき失《しっ》敗《ぱい》もするけれど、「テヘヘ♪」って笑《わら》って
すぐ立《た》ち直《なお》れちゃうところが、
みんなから愛《あい》されるステキなミリョクだよ♪

ハッピーカラー　グリーン　ハッピーアイテム　メモ帳《ちょう》

ハッピーナンバー　6　ハッピーフード　フルーツ

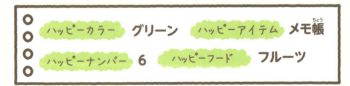

Dを選《えら》んだあなた

さわやか人気者《にんきもの》キャラ

あなたのミリョクは、社交《しゃこう》じょうずなところ！
同《おな》じクラスだけじゃなく、となりのクラスや
ほかの学校《がっこう》のコとも、
さらりとすぐにうちとけちゃう★
モテオーラがあるから、
男子《だんし》からも
女子《じょし》からも、
まわりの大人《おとな》からも
人気《にんき》だよ♪

ハッピーカラー　オレンジ　　ハッピーアイテム　スニーカー

ハッピーナンバー　5　　ハッピーフード　カレー

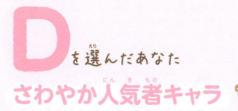

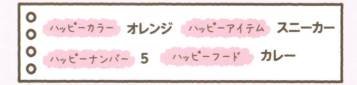

Eを選《えら》んだあなた

ナチュラル天然《てんねん》キャラ

あなたは、どこかひょうひょうとした
フンイキの持《も》ち主《ぬし》！
人《ひと》のことはあんまり気《き》にせず、
いつも自然体《しぜんたい》で行動《こうどう》しているよ！
ときどき、みんなとテンポがズレることもあるけど、
「そこがミリョク的《てき》」って評判《ひょうばん》みたいだね★

ハッピーカラー	ピンク	ハッピーアイテム	シュシュ
ハッピーナンバー	2	ハッピーフード	おすし

Fを選《えら》んだあなた

あったかいやし系《けい》キャラ

あなたは、ほんわかムードのいやし系《けい》♪
そこにいるだけで、みんながおだやかな気《き》分《ぶん》になるよ！
日《ひ》だまりみたいな笑《え》顔《がお》が最《さい》大《だい》のミリョク♥
相《あい》手《て》の話《はなし》を「うん、うん」って聞《き》いてあげるところが、
愛《あい》されるポイントだよ♪

ハッピーカラー	ブルー	ハッピーアイテム	キャップ
ハッピーナンバー	9	ハッピーフード	ミートボール

Q.2

通《つう》学《がく》路《ろ》で、ぬいぐるみのポスターを見《み》つけたよ。
左《ひだり》ページのイラストの中《なか》で
気《き》になるぬいぐるみの色《いろ》はどれ？

A 白《しろ》

B クリーム色《いろ》

C 黄《き》緑《みどり》

D 水《みず》色《いろ》

E ピンク

F 茶《ちゃ》色《いろ》

Sumikko gurashi™

Q.2 のテストでわかるのは……

あなたの かくれ キャラ

“かくれキャラ”とは、自分《じぶん》もまわりの人《ひと》もまだ気《き》づいていない(?)、「かくれたミリョク」のこと！ あなたの中《なか》にはどんなミリョクがねむっているのかな？

※Q.1と似《に》た診断結果《しんだんけっか》が出《で》たら、ウラオモテがない性格《せいかく》。
そのミリョクをさらに強化《きょうか》していこう！
まったくちがう診断結果《しんだんけっか》が出《で》たら、二面性《にめんせい》のあるタイプ。
これからかくれたミリョクも出《だ》していこうね★

Aを選《えら》んだあなた

センサイ気配《きくば》りキャラ

あなたは、センサイで思《おも》いやり深《ぶか》い人《ひと》！ しん重《ちょう》なタイプだから、
思《おも》いつきでテキトーに動《うご》いたりしないよ♪
相手《あいて》の気持《きも》ちになってものごとを考《かんが》え、さりげなく
気配《きくば》りできるところが、かくれたミリョクだよ★

B を選《えら》んだあなた

ポジティブ努《ど》力《りょく》家《か》キャラ

あなたは、前《まえ》向《む》きながんばり屋《や》さん。心《こころ》のおくに夢《ゆめ》を持《も》っていて、それをどうやったらかなえられるか、ひそかにイメトレしているよ！　つらいことがあっても、希《き》望《ぼう》を捨《す》てないのが、かくれたミリョク★

Cを選《えら》んだあなた

ユニーク発《はっ》想《そう》キャラ

あなたは、個《こ》性《せい》豊《ゆた》かな
アーティストタイプ★　人《ひと》が
考《かんが》えないようなことを思《おも》いついて、
ふいにアクションを起《お》こすよ！
いずれ、あっとおどろくことを
やってのけて、注《ちゅう》目《もく》を集《あつ》めそう♪

Dを選《えら》んだあなた

クールな大人《おとな》っぽキャラ

あなたは、もの静《しず》かで知《ち》的《てき》な人《ひと》。
みんなとわいわい楽《たの》しんだりもするけど、
次《つぎ》のしゅんかんにはもう自《じ》分《ぶん》の世《せ》界《かい》に
入《はい》って考《かんが》えごとをしているの！
どこか大人《おとな》っぽいフンイキが
あって、クールなところが
かくれたミリョク★

E を選《えら》んだあなた

かわいい年《とし》下《した》キャラ

あなたは、あまえんぼうな年《とし》下《した》タイプ♪
シャイで自《じ》分《ぶん》から友《とも》だちの輪《わ》の中《なか》に入《はい》っていくのは
苦《にが》手《て》だけど、じつはみんなにかまってほしいって思《おも》っているよ。
そんなあなたがかわいくて、みんなメロメロに♥

F を選《えら》んだあなた

コツコツ探《たん》究《きゅう》キャラ

あなたは、探《たん》究《きゅう》心《しん》がおうせいで、自《じ》分《ぶん》の考《かんが》えを
大《たい》切《せつ》にする人《ひと》。みんなが同《おな》じ意《い》見《けん》だからといって、
カンタンに流《なが》されたりはしないよ！
どうしたらこだわりをいかせるか、
いろいろ工《く》夫《ふう》できるのがすごいところ★

Sumikko gurashi™
Minna e shirokuma kara no tezukuri no okurimono.
1 Sokutei
Minna no size o hakarimasu.
2 Katagami
Hakatta size kara katagami o tsukurimasu.
Look!
CUTTING
Wata
Cotton
Arigato...
3 Stitch
Kiji o teinei ni nuiawasemasu.
4
Wata o irete fukkura sasemasu.
mumumu
5 Ribbon
Ribbon o maite dekiagari.
6 Gift
Kokoro ga pokapoka ni narimashita.

コラム

ミリョクが上《あ》がるおまじない

ねる前《まえ》に、両《りょう》手《て》で卵《たまご》を
つつむようなポーズをしてね。
目《め》をとじて、
その中《なか》にモテパワーが
注入《ちゅうにゅう》されるイメージをしよう。
毎《まい》日《にち》やるとモテモテ力《りょく》がよりアップ♥

好《す》きなモデルの写《しゃ》真《しん》やキャラの絵《え》を用《よう》意《い》しよう。
右《みぎ》手《て》でモデルやキャラのほっぺをツンってすれば、
あなたに似《に》合《あ》う洋《よう》服《ふく》がヒラめいちゃうよ★

第《だい》2章《しょう》

自分編《じぶんへん》

びっくり！

ホントの自分発見《じぶんはっけん》テスト

自分《じぶん》でも気《き》づいていない
あなたの本当《ほんとう》の性格《せいかく》が丸《まる》わかり！　学校《がっこう》に
行《い》く日《ひ》を想像《そうぞう》して、テストしてね♪

自分編《じぶんへん》1

どっちを選《えら》ぶ？

Q.1から始《はじ》めて、選《えら》んだ答《こた》えの→の番号《ばんごう》に進《すす》んでね。

Q.1

学校《がっこう》へ行《い》く日《ひ》。
朝《あさ》、起《お》きて、
まずなにをする？

洗面所《せんめんじょ》に行《い》く(→Q.3へ)

着《き》がえる(→Q.2へ)

Q.2

洗面所《せんめんじょ》に行《い》ったら、
まずなにをする？

顔《かお》を洗《あら》う(→Q.4へ)

歯《は》をみがく(→Q.5へ)

Q.3

着《き》がえの下着《したぎ》や洋服《ようふく》は、
前日《ぜんじつ》に用意《ようい》しておく？

YES《イエス》(→Q.5へ)

NO《ノー》(→Q.6へ)

Q.4

朝《あさ》、こんなベッドで
目覚《めざ》めたい！
あなたの理想《りそう》はどっち？

ゆったりフカフカ
(→Q.7へ)

かわいくてカラフル
(→Q.8へ)

Q.5

朝食《ちょうしょく》はどっち派《は》？

パン(→Q.8へ)

ごはん(→Q.9へ)

Q.6

朝《あさ》、テレビは見《み》る？

見《み》ない（→Q.9へ）

見《み》る（→Q.10へ）

Q.7

こんな朝《あさ》は
テンションが上《あ》がる！
いったいどんな朝《あさ》？

おうちの人《ひと》にほめられた
（→Aタイプへ）

天気《てんき》がめちゃくちゃいい
（→Bタイプへ）

Q.8

げんかんを出《で》るとき、
ふと頭《あたま》を
よぎったのは？

友《とも》だちのこと
（→Dタイプへ）

給食《きゅうしょく》のこと
（→Cタイプへ）

Q.9

朝《あさ》、あったらいいなと思《おも》う
便利《べんり》アイテムはなに？

髪《かみ》をカンペキにセットできる
魔法《まほう》のドライヤー（→Aタイプへ）

いっしゅんで学校《がっこう》に行《い》ける
未来《みらい》の乗《の》りもの（→Bタイプへ）

Q.10

げんかんを一歩《いっぽ》出《で》たら、
あるものがふと目《め》に
入《はい》ったよ。
いったいなにが？

緑《みどり》の木《き》や花《はな》
（→Cタイプへ）

通《とお》りを歩《ある》く人《ひと》
（→Dタイプへ）

自分編《じぶんへん》1のテストでわかるのは

あなたのかくれた才能《さいのう》

Bタイプ

チャレンジする才能《さいのう》

あなたは、こうき心《しん》おうせいなアクティブさん。新《あたら》しいことに自分《じぶん》から進《すす》んでチャレンジするのが得意《とくい》。オーディションやコンクールに、どんどんトライしてみよう！

Aタイプ

おしゃれの才能《さいのう》

あなたは、センスのいいおしゃれさん。コーデを考《かんが》えるのも好《す》きだし、ヘアアレを工夫《くふう》するのも得意《とくい》だよ。おしゃれで迷《まよ》っている友《とも》だちがいたら、アドバイスしてあげよう。

Dタイプ

人《ひと》づき合《あ》いの才能《さいのう》

あなたは、トークじょうずな社交家《しゃこうか》さん。いろんな人《ひと》と関《かか》わるのが大好《だいす》きだし、得意《とくい》だよ。相手《あいて》の話《はなし》を楽《たの》しそうに聞《き》いてあげて、なにげないトークで盛《も》り上《あ》げちゃおう！

Cタイプ

いやす才能《さいのう》

あなたは、思《おも》いやりのある気《き》配《くば》りさん。みんなのムードメーカーとして、したわれているよ。ヘコんでいるコがいたら、あなたのいやしの才能《さいのう》でハッピーにしてあげよう♪

自分編《じぶんへん》2

どの柄《がら》を選《えら》ぶ？

Q. 今日《きょう》から新学期《しんがっき》！
あなたなら、どの柄《がら》の
ハンカチを選《えら》ぶ？

A ボーダー

B ドット

C 無《む》地《じ》

D チェック

大切《たいせつ》にしているもの

Aを選《えら》んだあなた

家族《かぞく》

あなたがいちばん大切《たいせつ》にしているのは、家族《かぞく》。毎日幸《まいにちしあわ》せにくらせるのは、大好《だいす》きな家族《かぞく》がいてくれるからこそ。「わたしは家族《かぞく》に守《まも》られている」って感《かん》じているんだね。家族思《かぞくおも》いで、親《おや》きょうだいを大事《だいじ》にするよ。

Bを選《えら》んだあなた

お金《かね》

あなたがいちばん大切《たいせつ》にしているのは、お金《かね》。自分《じぶん》の夢《ゆめ》をかなえるためにも、友《とも》だちや恋人《こいびと》と遊《あそ》ぶためにも、お金《かね》は必要《ひつよう》だって考《かんが》えているみたい。金銭感《きんせんかん》覚《かく》がきちんとしている、現実的《げんじつてき》なしっかり者《もの》だよ！

自分編《じぶんへん》2のテストでわかるのは あなたがいちばん

Cを選《えら》んだあなた

自分《じぶん》

あなたがいちばん大切《たいせつ》にしているのは、自分《じぶん》。まわりにみんながいてくれるのはうれしいし、感謝《かんしゃ》もしているけど、行動《こうどう》を起《お》こすのは自分自身《じぶんじしん》だって思《おも》っているみたい。自分《じぶん》を信《しん》じてつき進《すす》むタイプだね。

Dを選《えら》んだあなた

友《とも》だち

あなたがいちばん大切《たいせつ》にしているのは、友《とも》だち。ひとりじゃさびしいし、毎日《まいにち》楽《たの》しく過《す》ごせるのは、友《とも》だちがいてくれるからこそ！　友《とも》だち思《おも》いで、大人《おとな》になっても仲《なか》よしでいようって決《き》めているよ。

自分編《じぶんへん》3

次《つぎ》のバスは何《なん》分《ぷん》後《ご》？

Q.

登校《とうこう》バスに
乗《の》りおくれちゃった
あなた。
次《つぎ》のバスは、
何《なん》分《ぷん》後《ご》に来《く》る？

A 5分《ふん》以《い》内《ない》

B 10分《ぷん》後《ご》

C 30分《ぷん》以《い》上《じょう》あと

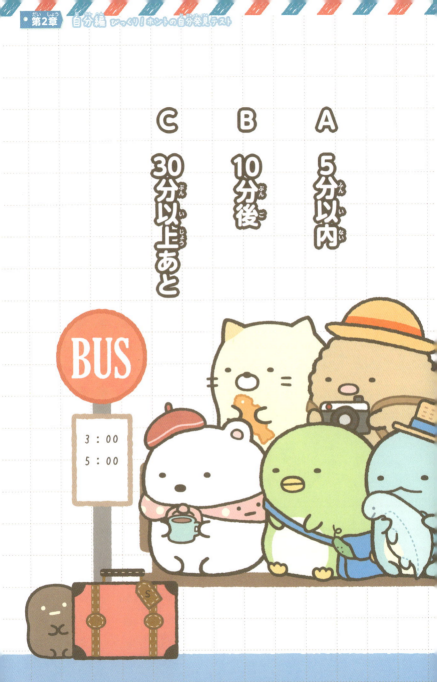

のつかみかた

Aを選《えら》んだあなた

すばやさ命《いのち》！
スーパーキャッチ

あなたは、「おもしろそう」「楽《たの》しそう」と感《かん》じたら反射的《はんしゃてき》に動《うご》いてチャンスをキャッチ！　考《かんが》えるより前《まえ》にすばやく行動《こうどう》して、成功《せいこう》するタイプだよ。「もしかして失敗《しっぱい》だったかな？」って思《おも》うこともあるけど、そんなのはあとでじっくり考《かんが》えればいいことだよね。10代《だい》で有名《ゆうめい》になっちゃうかも!?

Bを選《えら》んだあなた

準備《じゅんび》してから
きちんとキャッチ

あなたは、コツコツ積《つ》み上《あ》げてきたことで、確実《かくじつ》にチャンスをつかむタイプ。準備《じゅんび》不足《ぶそく》のときは、「もしかしてチャンスかも」と思《おも》っても、あえてスルーしちゃう。夢《ゆめ》をかなえるには準備《じゅんび》が大事《だいじ》だと思《おも》っているんだよね。目標《もくひょう》をきちんと決《き》めて、努力《どりょく》しながらチャンスを待《ま》つのが、あなた流《りゅう》だよ。

自分編《じぶんへん》3のテストでわかるのは あなたのチャンス

Cを選《えら》んだあなた

じっくりかまえて残《のこ》りものキャッチ

あなたは、チャンスが来《き》ても「自分《じぶん》はまだまだ」と思《おも》ってなかなか手《て》を出《だ》さない、じっくりタイプ。まわりのコが次々《つぎつぎ》とチャンスをつかんでいくのを冷静《れいせい》に見《み》ているんだよね。チャンスをゲットするのは早《はや》くはないけれど、残《のこ》りものには福《ふく》があることも少《すく》なくないよ。あせらなくてOK《オーケー》！

最初《さいしょ》に話《はな》すのはだれ？

Q.

学校《がっこう》に着《つ》いたよ！

あなたがまず話《はな》しかけるのは、だれ？

A 仲《なか》よしの女子《じょし》

B あんまり親《した》しくない女子《じょし》

C やんちゃな男子《だんし》

D 先生《せんせい》

SUMIKKOGURASHI™
〜すみっコのかんけいず〜
sumikkogurashi
TOKAGE
Oyogeru nakama
SUISUI
KYURI
すき
PENGUIN?
ひみつをもつ
なかま
FUROSHIKI
OSAKANA
SUKI!
NISETSUMURI
SHIROKUMA
だいじなもの
RIVAL
GYUGYU
ごはんを
作ってくれる
ごはんを
作りがいがある
あったかそう
TONKATSU
YUZURIAI
dozo dozo
dozo dozo
NEKO
なかよし
ZASSO
ポジティブ
コンビ
HOKORI
あげもの
コンビ
EBIFURAI
NO SHIPPO

発《はっ》散《さん》法《ほう》

Aを選《えら》んだあなた

食《た》べること

のんびりくつろぐのが大好《だいす》きなあなたは、食《た》べることがストレス発散《はっさん》になるよ。おいしいごはんやスイーツを食《た》べていると、細《こま》かいことなんて気《き》にならなくなっちゃう。食《た》べすぎには注意《ちゅうい》しようね。

Bを選《えら》んだあなた

おしゃれすること

だれとでも話《はな》せるあなたは、おしゃれすることがストレス発散《はっさん》になるよ。流行《りゅうこう》をチェックしたり、コーデをあれこれ工夫《くふう》してみたりするとチョー楽《たの》しいよ。どんどんステキになれちゃうのもいいね。

自分編《じぶんへん》4の テストでわかるのは あなたのストレス

Cを選《えら》んだあなた

動《うご》くこと

好《す》ききらいがはっきりしているあなたは、動《うご》くことがストレス発散《はっさん》になるよ。スポーツやダンスで体《からだ》を動《うご》かしていると、なやみもふき飛《と》んじゃう。お休《やす》みの日《ひ》にお出《で》かけするのもおすすめ。

Dを選《えら》んだあなた

学《まな》ぶこと

向上心《こうじょうしん》があるあなたは、学《まな》ぶことがストレス発散《はっさん》になるよ。毎日《まいにち》きちんと予習復習《よしゅうふくしゅう》をしたり、習《なら》いごとに集中《しゅうちゅう》したりしていると、心《こころ》がおだやかになるよ。自分《じぶん》に自信《じしん》がつくのもグッド★

好《す》きな絵《え》をかいてみよう

Q.

図画工作《ずがこうさく》の授業《じゅぎょう》で、
絵《え》をかくよ。
テーマは自由《じゆう》。
あなたなら、なにをかく？
左《ひだり》ページのワクの中《なか》に
かいてみてね。

あまえんぼう度《ど》

ワクの真《ま》ん中《なか》にかいたあなた

スーパーあまえんぼう

あまえんぼう度《ど》
90%《パーセント》

あなたは、人《ひと》なつっこいあまえんぼうタイプ。どこか放《ほう》っておけないミリョクがあるから、ついまわりの人《ひと》がめんどうを見《み》ちゃう。愛《あい》されじょうずなチャッカリさんだよ。

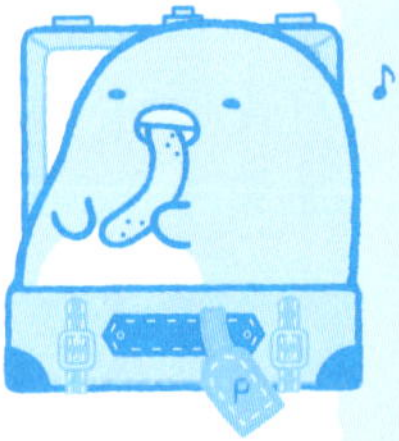

真《ま》ん中《なか》より左《ひだり》にかいたあなた

ときどきあまえんぼう

あなたは、ふだんはそうでもないけれど、さびしいときやつらいときに、あまえんぼうになるタイプ。そのギャップがかわいくて、みんなやさしくしてくれるんだね。

あまえんぼう度《ど》
40%《パーセント》

自分編《じぶんへん》5の
テストでわかるのは

あなたの

真《ま》ん中《なか》より右《みぎ》にかいたあなた

かくれあまえんぼう

あなたは、しっかりしているように見《み》えるけど、ホントは「もっとあまえたい」と思《おも》っているタイプ。メイワクをかけたくなくて、強《つよ》がっているのかも!?

真《ま》ん中《なか》より上《うえ》にかいたあなた

あまえられないんぼう!?

あなたは、しっかりしていて大人《おとな》っぽいタイプ。あまえるより、あまえられることが多《おお》いよ。たよりにされがちだけど、たまにはあまえていいんだよ♪

真《ま》ん中《なか》より下《した》にかいたあなた

けっこうあまえんぼう

あなたは、いつも笑顔《えがお》で友《とも》だちの輪《わ》の中心《ちゅうしん》にいるタイプ。ベタベタしないけど、なぜかみんなあなたをかまいたくなるよ。結果的《けっかてき》にうま〜くあまえてる!?

自《じ》分《ぶん》編《へん》6

Q. 転《てん》校《こう》生《せい》に話《はな》しかけるなら？

転校生《てんこうせい》がやってきたよ。初《はじ》めて話《はな》しかけるとき、なんて言《い》う？

A 「わたしの名《な》前《まえ》は○○」

B 「よろしくね」

C 「わからないことがあったら聞《き》いてね」

D 「学《がっ》校《こう》を案《あん》内《ない》してあげる」

…
ぺち
ぺち
ぺち

●自分編《じぶんへん》6のテストでわかるのは

あなたの理想《りそう》の自分《じぶん》

Bを選《えら》んだあなた

社交家《しゃこうか》さん

あいさつから入《はい》ったあなたは、いろんなところに友《とも》だちがいる、社交家《しゃこうか》さんになりたいと思《おも》っているよ。同《おな》じクラスはもちろん、ちがうクラスや他《た》校《こう》にも仲間《なかま》を増《ふ》やしていこう。

Aを選《えら》んだあなた

きちんとさん

まず自分《じぶん》の名前《なまえ》を言《い》ったあなたは、礼儀正《れいぎただ》しいきちんとさんになりたいと思《おも》ってるよ。相手《あいて》を思《おも》いやり、気配《きくば》りできるっていいよね。だれからも好《す》かれる存在《そんざい》を目《め》ざそう。

Dを選《えら》んだあなた

チャレンジャー

声《こえ》をかけるだけじゃなく、校《こう》内《ない》を案内《あんない》してあげようとしたあなたは、こうき心《しん》おうせいなチャレンジャーが理想《りそう》の自《じ》分《ぶん》。前向《まえむ》きに、勇気《ゆうき》を出《だ》してちょうせんしていこうね。

Cを選《えら》んだあなた

リーダー

知《し》らないことを教《おし》えてあげようとしたあなたは、まわりを引《ひ》っぱっていくリーダーにあこがれ中《ちゅう》。いざというときにみんなの力《ちから》になるって、すごいことだよね。その調子《ちょうし》！

自分編《じぶんへん》7

テストの点《てん》数《すう》は？

Q. ぬき打《う》ちテストがあったよ。あなたの点数《てんすう》は、思《おも》っていたより良《よ》かった？ 悪《わる》かった？

A 良《よ》かった

B 悪《わる》かった

C 想像《そうぞう》どおりだった

自《じ》分《ぶん》編《へん》7のテストでわかるのは

あなたのガマン強《づよ》さ度《ど》

Aを選《えら》んだあなた

ガマン強《づよ》さ度《ど》30%《パーセント》

がんばった結果《けっか》がすぐ出《で》ないといやなあなたは、ガマンが大《だい》の苦手《にがて》。気《き》が乗《の》らないことをやるとあきてきて、ほかのことに目《め》がいっちゃうよ。「ムリしてガマンする必要《ひつよう》なし！　楽《たの》しいことだけをやりたい」と思《おも》っていそう。

Bを選《えら》んだあなた

ガマン強《づよ》さ度《ど》90%《パーセント》

あなたは、とってもガマン強《づよ》いコ。一生《いっしょう》けんめいがんばったことに結果《けっか》が出《で》なくても、「そうカンタンにうまくいくわけがない」と思《おも》えるケンキョさの持《も》ち主《ぬし》。ガマンと努《ど》力《りょく》を積《つ》み重《かさ》ねていくから、最《さい》後《ご》は夢《ゆめ》をかなえるよ！

Cを選《えら》んだあなた

ガマン強《づよ》さ度《ど》50%《パーセント》

あなたは、好《す》きなことならガマンもできるけど、そうでもないことは早々《そうそう》にあきらめちゃうタイプ。苦手教科《にがてきょうか》やスポーツなどをどうしてもがんばらなきゃいけないときは、友《とも》だちとはげまし合《あ》って乗《の》りこえようとするよ。

自分編《じぶんへん》8

なにをつくる？

Q.

家庭科《かていか》の調理実習《ちょうりじっしゅう》！
あなたなら、
なにをつくりたい？

A ハンバーグ

B たまご焼《や》き

C カレー

D おみそしる

●自分編《じぶんへん》8のテストでわかるのは

あなたの世話焼《せわや》き度《ど》

Bを選《えら》んだあなた

世話焼《せわや》き度《ど》90%《パーセント》

あなたは、まわりの人《ひと》に対《たい》して、いろいろ世話《せわ》を焼《や》いちゃうタイプ。大好《だいす》きな友《とも》だちのことは家族《かぞく》みたいに感《かん》じて、放《ほう》っておけないよ。友《とも》だちもあなたに感謝《かんしゃ》していそう！

Aを選《えら》んだあなた

世話焼《せわや》き度《ど》50%《パーセント》

あなたは、ちょっぴり不器用《ぶきよう》だけど、じつは心《こころ》があったかいタイプ。ふだんはマイペースなのに、困《こま》っている友《とも》だちを見《み》ると世話焼《せわや》きさんに変身《へんしん》！　たよりになるんだよね。

Dを選《えら》んだあなた

世話焼《せわや》き度《ど》70%《パーセント》

あなたは、あれこれ口《くち》は出《だ》さないけど、大事《だいじ》なときには迷《まよ》わず世話《せわ》を焼《や》くタイプ。つかずはなれず相手《あいて》をよく見《み》ていて、まちがってると思《おも》ったら、きちんと言《い》うこともできるよ。

Cを選《えら》んだあなた

世話焼《せわや》き度《ど》30%《パーセント》

あなたは、友《とも》だちのことは大好《だいす》きだけど、シャイでなかなか行動《こうどう》できないタイプ。「こうするといいのに」と思《おも》っても、はっきり言《い》えないことも。そこがいいところだけどね。

自分編《じぶんへん》9

忘《わす》れものはなに？

Q. 忘《わす》れものをしたことに気《き》づいたよ。なにを忘《わす》れた？

A えんぴつ

B 消《け》しゴム

C ノート

D 教《きょう》科《か》書《しょ》

自分編《じぶんへん》9のテストでわかるのは

あなたのコンプレックス

Bを選《えら》んだあなた

あきっぽい

あなたのコンプレックスは、あきっぽいこと。コツコツ続《つづ》けるのが苦手《にがて》で、三日《みっか》ぼうずになりがち。その日《ひ》のことをきちんとやれたら、自分《じぶん》にごほうびをあげるのはどう？

Aを選《えら》んだあなた

ポカミスが多《おお》い

あなたのコンプレックスは、ポカミスが多《おお》いこと。ちょっと考《かんが》えたらわかることも、うっかり失敗《しっぱい》しちゃいがち。いったん深呼吸《しんこきゅう》して、落《お》ち着《つ》いてみよう。

Dを選《えら》んだあなた

ねぼうが多《おお》い

あなたのコンプレックスは、朝《あさ》なかなか起《お》きられないこと。そんなに夜《よ》ふかしなわけじゃないのに、ついねぼうしちゃうことも多《おお》いみたい。目覚《めざ》まし時計《どけい》を忘《わす》れずにセットして。

Cを選《えら》んだあなた

おしゃべりが苦手《にがて》

あなたのコンプレックスは、おしゃべりが苦手《にがて》なこと。仲《なか》があまりよくないコが相手《あいて》だと、どう話《はな》せばいいのかわからないんだね。あまり考《かんが》えすぎず、自然体《しぜんたい》でいこう。

自分編《じぶんへん》10

どのメガネを選《えら》ぶ？

Q. メガネを新《あたら》しく買《か》うことにしたよ。あなたが選《えら》んだメガネは、次《つぎ》のうちどれ？

A まん丸《まる》メガネ

B 四《し》角《かく》いメガネ

C だ円《えん》形《けい》メガネ

D ふちなしメガネ

すがた

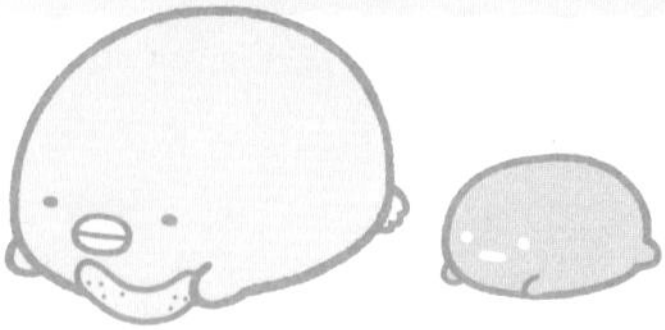

Aを選《えら》んだあなた

グローバルに活《かつ》やくしているかも！

あなたは、直感《ちょっかん》を重視《じゅうし》する感覚《かんかく》タイプ。しゅみやセンスをいかして、ファッションやマスコミの分《ぶん》野《や》で、世界的《せかいてき》に活《かつ》やくしそうだよ。海外《かいがい》の人《ひと》たちとも積極的《せっきょくてき》に交流《こうりゅう》していくことになるよ。

Bを選《えら》んだあなた

バリバリの仕事人《しごとにん》になっているかも！

あなたは、負《ま》けずぎらいのがんばり屋《や》さん。バリバリ働《はたら》いて、仕事《しごと》で目立《めだ》つ人《ひと》になりそう。ダンスやスポーツでライバルと競《きそ》ったり、リーダーシップをいかして社長《しゃちょう》になったりする可能性《かのうせい》も。

自分編《じぶんへん》10の
テストでわかるのは

あなたの未来《みらい》の

Cを選《えら》んだあなた

家族《かぞく》と幸《しあわ》せに
くらしているかも！

あなたは、おだやかでやさしい心《こころ》の持《も》ち主《ぬし》。勉《べん》強《きょう》や仕事《しごと》をがんばるだけじゃなく、幸《しあわ》せな家庭《かてい》を築《きず》くことをなによりも大事《だいじ》にしそう。休日《きゅうじつ》は家族《かぞく》とのんびり、あたたかい時間《じかん》を楽《たの》しむよ。

Dを選《えら》んだあなた

ひとつのことを
きわめているかも！

あなたは、「人《ひと》は人《ひと》、自分《じぶん》は自分《じぶん》」って思《おも》えるマイペースタイプ。好《す》きなことにコツコツ打《う》ちこんでひとつのことをきわめ、その道《みち》のプロとして、世《よ》の中《なか》に役立《やくだ》つ存在《そんざい》になっていそうだよ。

コラム

勉《べん》強《きょう》が楽《たの》しくなるおまじない

ペンケースの中《なか》に、
ピンクのボールペンを
さかさまにして入《い》れよう。
発《はっ》想《そう》力《りょく》がアップして、いつもの
授《じゅ》業《ぎょう》がもっと楽《たの》しくなるよ★

白《しろ》い紙《かみ》に、黄《き》色《いろ》のペンで
★を書《か》いて、
机《つくえ》の右《みぎ》側《がわ》のかべにはろう。
勉《べん》強《きょう》をスタートする前《まえ》と、
終《お》わったあとに★を見《み》ながら
「うん」とうなずくと、テストでいい点《てん》が取《と》れそう！

第《だい》3章《しょう》

友《ゆう》情《じょう》編《へん》
ウキウキ♪
もっと仲《なか》よしテスト

あなたの友《とも》だちづき合《あ》いをまるっとぶんせき！
放《ほう》課《か》後《ご》から、夜《よる》、ねるまでのシーンで
テストするよ★

友情編《ゆうじょうへん》1

どれを選《えら》ぶ？

選《えら》んだ答《こた》えの横《よこ》にある点数《てんすう》を足《た》していってね。

Q.1

今日《きょう》最後《さいご》の授業《じゅぎょう》が終了《しゅうりょう》！
終業《しゅうぎょう》チャイムが鳴《な》ったとき、
あなたの心《こころ》の中《なか》は？

A　やったー！　終《お》わった(3点《てん》)
B　おなかすいた～(5点《てん》)
C　このあとどうしようかな(4点《てん》)

Q.2

放課後《ほうかご》、だれかが話《はな》しかけてきたよ。
いったいだれが？

A　仲《なか》よしの友《とも》だち(3点《てん》)
B　同《おな》じ係《かかり》のコ(5点《てん》)
C　やんちゃな男子《だんし》(1点《てん》)

Q.3

今日《きょう》はこのあと
用事《ようじ》があるよ。
次《つぎ》のうちどれ？

A　そうじ当番《とうばん》(3点《てん》)
B　係《かかり》の仕事《しごと》(2点《てん》)
C　習《なら》いごと(4点《てん》)

Q.4

ろう下《か》で意外《いがい》な人《ひと》に
バッタリ会《あ》ったよ。
だれに会《あ》った？

A　苦手《にがて》な女子《じょし》(1点《てん》)
B　あこがれの人《ひと》(5点《てん》)
C　校長先生《こうちょうせんせい》(2点《てん》)

Q.5

げた箱《ばこ》で落《お》としものを
拾《ひろ》ったよ！
それはなんだった？

A　ペン(1点《てん》)
B　キーホルダー(5点《てん》)
C　メモ帳《ちょう》(3点《てん》)

Q.6

下校中《げこうちゅう》、ふとあなたの目《め》に
入《はい》ったものはなに？

A　道《みち》ばたにさいている花《はな》(0点《てん》)
B　犬《いぬ》の散歩《さんぽ》をしている人《ひと》(4点《てん》)
C　テレビのロケ隊《たい》(5点《てん》)

Q.7

おつかいをたのまれて、家《いえ》の近《ちか》くのお店《みせ》に行《い》ったよ。ついでにチェックしたコーナーは？

A　雑誌《ざっし》(4点《てん》)
B　おかし(5点《てん》)
C　ドリンク(2点《てん》)

Q.8

家《いえ》に帰《かえ》ったらお客《きゃく》さんが来《き》ていたよ。いったいだれが？

A　近所《きんじょ》の人《ひと》(2点《てん》)
B　いとこ(4点《てん》)
C　おうちの人《ひと》の友《とも》だち(3点《てん》)

Q.9

夕飯《ゆうはん》づくりのお手伝《てつだ》いでキッチンへ。
今夜《こんや》のメニューは？

A　カレー(3点《てん》)
B　ハンバーグ(2点《てん》)
C　からあげ(4点《てん》)

Q.10

おふろに入《はい》ってリラックス。
思《おも》わず歌《うた》った鼻歌《はなうた》の曲《きょく》は？

A　アイドルソング(4点《てん》)
B　アニメの主題歌《しゅだいか》(2点《てん》)
C　CM《シーエム》ソング(5点《てん》)

何《なん》点《てん》になったかな?

Q.1〜Q.10の答《こた》えの横《よこ》に書《か》いてある数字《すうじ》の合計《ごうけい》で診断《しんだん》するよ。

39点《てん》以《い》上《じょう》→Aタイプへ

31点《てん》〜38点《てん》→Bタイプへ

23点《てん》〜30点《てん》→Cタイプへ

22点《てん》以《い》下《か》→Dタイプへ

診断結果《しんだんけっか》は次《つぎ》のページにあるよ。

の友《とも》だちとのつき合《あ》いかた

Aタイプ

大《おお》人《にん》数《ずう》でわいわい

あなたにおすすめなのは、多《おお》くの人《にん》数《ずう》でわいわい楽《たの》しむおつき合《あ》い。クラスがちがうとか他《た》校《こう》だとかこだわらず、いろんな個《こ》性《せい》のコが集《あつ》まってシゲキをあたえ合《あ》うのがいいよ。あきずに盛《も》り上《あ》がれそう♪

Bタイプ

少《しょう》人《にん》数《ずう》で親《しん》密《みつ》に

あなたにおすすめなのは、少《すく》ない人《にん》数《ずう》で親《した》しくするおつき合《あ》い。長《ちょう》所《しょ》も短《たん》所《しょ》もわかりきっているメンバーなら、安《あん》心《しん》して楽《たの》しく過《す》ごせるよ。恋《こい》バナをしたり、勉《べん》強《きょう》や習《なら》いごとを競《きそ》い合《あ》ったりするのも◎。

友情編《ゆうじょうへん》1のテストでわかるのは

あなたにおすすめ

Cタイプ

特定《とくてい》の友《とも》だちにこだわらない

あなたにおすすめなのは、特定《とくてい》のメンバーにこだわらない、いろんなコとのおつき合《あ》い。係《かかり》の友《とも》だちや塾《じゅく》の友《とも》だちなど、シチュエーションごとに友《とも》だちをつくるのもグッド★　かえってマイペースがキープできるよ。

Dタイプ

本当《ほんとう》の親友《しんゆう》をひとり

あなたにおすすめなのは、本当《ほんとう》に心《こころ》を許《ゆる》せる親友《しんゆう》をひとりつくるおつき合《あ》い。多《おお》くのコに気《き》を使《つか》わなくていいから、おだやかな気分《きぶん》でいられるよ。ひとりの人《ひと》に心《こころ》をつくしてなにかしてあげられるって、ステキだね。

友《ゆう》情《じょう》編《へん》2

体《たい》験《けん》入《にゅう》部《ぶ》するなら？

Q.

あなたが1日《にち》だけ
体《たい》験《けん》入《にゅう》部《ぶ》するなら、
次《つぎ》の4つのうち、
どのクラブ活《かつ》動《どう》がいい？

A 吹《す》奏《そう》楽《がく》

B 美《び》術《じゅつ》

C 体《たい》操《そう》

D テニス

・友《ゆう》情《じょう》編《へん》2のテストでわかるのは

あなたを助《たす》けてくれる友《とも》だちのタイプ

Aを選《えら》んだあなた

やさしい年《とし》上《うえ》タイプ

あなたを助《たす》けてくれるのは、困《こま》ったときにやさしくアドバイスをくれる年《とし》上《うえ》みたいなタイプ。「こうすれば、だいじょうぶだよ」と言《い》われると、いっしょにいて安《あん》心《しん》できるよ。

Bを選《えら》んだあなた

元《げん》気《き》ハツラツタイプ

あなたを助《たす》けてくれるのは、いつでも明《あか》るく話《はな》しかけてくれる元《げん》気《き》ハツラツタイプ。ちょっとヘコんでいるときも、「遊《あそ》びに行《い》こう！」って、笑《え》顔《がお》で外《そと》へつれ出《だ》してくれるよ。

Cを選《えら》んだあなた

おしゃれさんタイプ

あなたを助《たす》けてくれるのは、流《りゅう》行《こう》にビンカンなおしゃれさんタイプ。「これが似《に》合《あ》うよ」とすすめたり、「その髪《かみ》型《がた》いいね」とほめたりしてくれるから明《あか》るい気《き》持《も》ちになれる！

Dを選《えら》んだあなた

がんばり屋《や》さんタイプ

あなたを助《たす》けてくれるのは、目標《もくひょう》に向《む》かって努《ど》力《りょく》するがんばり屋《や》さんタイプ。うまくいかないときも、「まだまだこれからだよ！」って、前《まえ》向《む》きモードではげましてくれるよ。

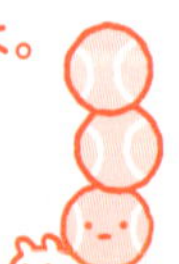

友情編《ゆうじょうへん》3

どの係《かかり》をしたい？

Q. そうじの時間《じかん》になったよ。
あなたなら、どの係《かかり》をする？

A ほうき

B ゴミ捨《す》て

C ぞうきん

D 黒板《こくばん》そうじ

友情編《ゆうじょうへん》3のテストでわかるのは

あなたにぴったりの友《とも》だちのつくりかた

Aを選《えら》んだあなた

笑顔《えがお》でアイサツ作戦《さくせん》

にっこり笑顔《えがお》でアイサツしよう。キンチョーしちゃう相手《あいて》もいるけど、気《き》にしないで！　さわやかにほほえみかければ、向《む》こうからあなたに話《はな》しかけてくれて友《とも》だちになれるよ。

Bを選《えら》んだあなた

聞《き》きじょうず作戦《さくせん》

自分《じぶん》の話《はなし》をする前《まえ》に、そのコの話《はなし》をよく聞《き》いてあげよう。相手《あいて》に「わたしを大事《だいじ》にしてくれている」って思《おも》われるよ。自然《しぜん》と、あなたと話《はなし》をしたいコがどんどん集《あつ》まりそう。

Cを選《えら》んだあなた

ホメホメ作戦《さくせん》

人《ひと》の欠点《けってん》はスルーして、いいところをいっぱい見《み》つけよう。「そういうとこ、ステキだね」ってホメてあげれば、相手《あいて》はとっても喜《よろこ》んでくれて、心《こころ》のキョリが縮《ちぢ》まるよ。

Dを選《えら》んだあなた

はげまし作戦《さくせん》

ヘコんでいるコを見《み》かけたら、「だいじょうぶだよ」って、あなたからはげましてあげよう。それ以上《いじょう》の言葉《ことば》はいらないよ。そっと相手《あいて》の心《こころ》に寄《よ》りそい、となりにいてあげよう。

友情編《ゆうじょうへん》4

Q. 本《ほん》の内容《ないよう》は？

図書室《としょしつ》の机《つくえ》の上《うえ》に、本《ほん》が1冊《さつ》置《お》いてあったよ。それは、どんな本《ほん》だった？

A 恋愛《れんあい》小説《しょうせつ》

B ミステリー小説《しょうせつ》

C 歴史《れきし》の学習《がくしゅう》まんが

D 動物《どうぶつ》ずかん

人気者《にんきもの》になる方法《ほうほう》

Aを選《えら》んだあなた

おもしろトークで笑《わら》いをとる

あなたは、イキイキしたリアクションで人《ひと》をひきつけるタイプ。みんなの前《まえ》でしくじり体験《たいけん》を話《はな》したり、モノマネやギャグをキメたりしてみよう。思《おも》った以上《いじょう》にウケて、たちまちクラスの人気者《にんきもの》になっちゃうよ♪

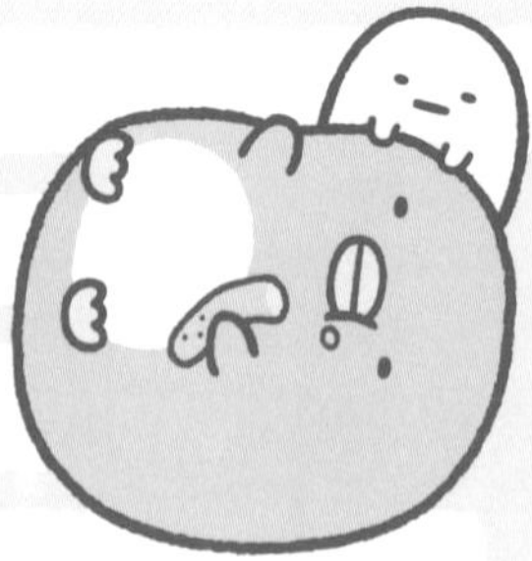

Bを選《えら》んだあなた

コンクールで活《かつ》やくする

あなたは、クールな知性派《ちせいは》。テストをがんばったり、コンクールや競技《きょうぎ》会《かい》で力《ちから》を発揮《はっき》したりすると、人気《にんき》がアップするよ★　「ステキ！」「前《まえ》からすごい人《ひと》だと思《おも》っていた」と、ファンが急増《きゅうぞう》しちゃう可能性《かのうせい》も！

友情編《ゆうじょうへん》4の
テストでわかるのは

あなたがクラスで

Cを選《えら》んだあなた

マニアックな知識《ちしき》をひろうする

あなたは、「これ！」っていう得意分野《とくいぶんや》を持《も》っている人《ひと》。キッカケさえあれば、あっという間《ま》に人《にん》気者《きもの》になっちゃうよ。ポイントは、みんなの前《まえ》で知識《ちしき》やワザをひろうすること。まわりの人《ひと》が知《し》らないようなマニアックなことなら、なおグッド★

Dを選《えら》んだあなた

笑顔《えがお》で話《はなし》を聞《き》く

あなたは、やさしいフンイキでみんなをいやしてあげられる人《ひと》。自分《じぶん》では気《き》づいていないかもしれないけど、すでにじゅうぶん人気者《にんきもの》だよ。おだやかスマイルで人《ひと》の話《はなし》をじっくり聞《き》いてあげると、さらに人気《にんき》アップ♥

友情編《ゆうじょうへん》5

Q. アイスに当《あ》てはめてみよう

下校中《げこうちゅう》に、アイス屋《や》さんを発見《はっけん》!
次《つぎ》のアイスのフレーバーに、
まわりの友《とも》だちを当《あ》てはめてみてね。

バニラ

ミント

チョコチップ

キャラメル

ストロベリー

まっ茶《ちゃ》

Sumikkogurashi™
Ice cream
PenPen
いらっしゃいませ～
soda
peach
vanilla
melon
strawberry
caramel
Chocolate
lemon
MENU
RECOMMEND!
Triple
• melon
CUP OK!
♪
きーん
penguin tachi no ice cream

・友情編《ゆうじょうへん》5のテストでわかるのは

あなたがそのコをどう思《おも》っているか

チョコチップ

→明《あか》るい元気《げんき》っコ

ハツラツとした元気《げんき》なコ。いっしょにダンスユニットをつくれたらいいなって思《おも》っているよ。

バニラ

→ほっこりいやし系《けい》

いっしょにいるとなんだか落《お》ち着《つ》く、いやし系《けい》。どこか家族《かぞく》みたいな安心感《あんしんかん》を持《も》っているよ。

ミント

→知的《ちてき》なおしゃれさん

センスがよくておしゃれなコ。同《おな》じ本《ほん》を読《よ》んで、感想《かんそう》を語《かた》り合《あ》いたいと思《おも》っているよ。

ストロベリー

→モテモテ愛《あい》され系《けい》

だれからも愛《あい》されるコ。仲《なか》よくなって、いっしょに遊《あそ》びに行《い》きたいなと思《おも》っているよ。

まっ茶《ちゃ》

→大人《おとな》っぽいクール派《は》

どこか大人《おとな》っぽいコ。困《こま》ったときにはとてもたよりになる存在《そんざい》だって思《おも》っているよ！

キャラメル

→にくめないあまえんぼう

人《ひと》なつっこい笑顔《えがお》で、なにかとあまえてくるコ。ついめんどうを見《み》てあげたくなっちゃうよ。

友情編《ゆうじょうへん》6

手《て》紙《がみ》はだれから？

Q. 学《がっ》校《こう》から帰《かえ》ったら、あなたに手《て》紙《がみ》がとどいていたよ。いったいだれから？

A 同《おな》じクラスの友《とも》だち

B 学《がっ》校《こう》の先《せん》生《せい》

C 転《てん》校《こう》した友《とも》だち

D 大《だい》好《す》きな芸《げい》能《のう》人《じん》

友情編《ゆうじょうへん》6のテストでわかるのは

あなたが友《とも》だちにかくしていること

Bを選《えら》んだあなた

友《とも》だちのモノを……

あなたは、借《か》りたペンをなくした、友《とも》だちの持《も》ちものをこわしたなど、モノにまつわることを気《き》にしているのかも。本当《ほんとう》のことを言《い》って謝《あやま》れば、友《とも》だちもおこらないよ。

Aを選《えら》んだあなた

ほかのコと遊《あそ》んだ

あなたは、友《とも》だちがそばにいないとき、ほかのコと遊《あそ》んだことを気《き》にしているみたい。悪《わる》いことじゃないし、気《き》にしなくてだいじょうぶ！　自然《しぜん》体《たい》でいるのがいちばんだよ★

Dを選《えら》んだあなた

将来《しょうらい》の夢《ゆめ》

じつは心《こころ》の中《なか》に大《おお》きな夢《ゆめ》を持《も》っているあなた。友《とも》だちに将来《しょうらい》の夢《ゆめ》を聞《き》かれたとき、はぐらかしたことを気《き》にしているみたい。いつかは胸《むね》をはって言《い》えるといいね。

Cを選《えら》んだあなた

知《し》ったかぶり

あなたは、ささいなウソをついたことが気《き》になっているみたい。知《し》らないマンガやおかしを「知《し》ってる」って言《い》っちゃったんだね。次《つぎ》は素直《すなお》に「教《おし》えて」って言《い》ってみよ♪

友《ゆう》情《じょう》編《へん》7

家《いえ》でなにをする？

Q.

家《いえ》に帰《かえ》ってきたあなたが、まっ先《さき》にすることは？

A テレビを見《み》たり、ゲームをしたり

B 宿《しゅく》題《だい》

C おひるね

D 家《いえ》のお手《て》伝《つだ》い

求《もと》めているもの

Aを選《えら》んだあなた

ドキドキするシゲキ

あなたが友《とも》だちに求《もと》めているのは、シゲキ。目《め》をまん丸《まる》にして「それってホントに!?」って聞《き》き返《かえ》したくなるようなドキドキトークや、まだクラスのみんなが知《し》らないような遊《あそ》びで盛《も》り上《あ》がれたらサイコーだよ★

Bを選《えら》んだあなた

やる気《き》が上《あ》がるライバル

あなたが友《とも》だちに求《もと》めているのは、習《なら》いごとやスポーツ、学《がっ》校《こう》行《ぎょう》事《じ》などで、やる気《き》を上《あ》げてくれるライバル。ただの競《きょう》争《そう》相《あい》手《て》ではなく、相《あい》手《て》を意《い》識《しき》することで自《じ》分《ぶん》自《じ》身《しん》も成《せい》長《ちょう》できる存《そん》在《ざい》だってところが大《だい》事《じ》!!

友情編《ゆうじょうへん》7の
テストでわかるのは

あなたが友《とも》だちに

Cを選《えら》んだあなた

ほんわかいやし

あなたが友《とも》だちに求《もと》めているのは、いやし。毎日《まいにち》やらなきゃいけないことがいっぱいあって、どうしても気《き》持《も》ちがあせりがちだから、友《とも》だちといるときくらい、のんびりまったりくつろいで、ほっこりしたいよね。

Dを選《えら》んだあなた

おだやかな安心感《あんしんかん》

あなたが友《とも》だちに求《もと》めているのは、いっしょにいて落《お》ち着《つ》ける安心感《あんしんかん》。しんこくな相談《そうだん》をされたり、トラブルに巻《ま》きこまれたりしたらどうしたらいいか、自信《じしん》がないんだね。おだやかな関係《かんけい》を続《つづ》けていければいいね。

ぬいぐるみの数《かず》は？

Q.1

あなたのお部屋《へや》にいる
ぬいぐるみ、お気《き》に入《い》りはいくつ？

Q.2

お気《き》に入《い》りのぬいぐるみに
ひとこと！

Q.3

そのぬいぐるみは、
これから何年《なんねん》くらいお部屋《へや》にいそう？

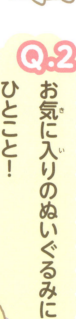

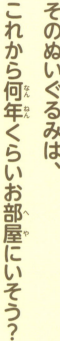

Sumikko gurashi™
Minna e shirokuma kara no
tezukuri no okurimono.

Q.1で答《こた》えた数《かず》は

あなたが親友《しんゆう》だと思《おも》っている人《ひと》の数《かず》

お気《き》に入《い》りのぬいぐるみの数《かず》は、あなたが親友《しんゆう》だと思《おも》っている人《ひと》の数《かず》をあらわしているよ。心《こころ》を許《ゆる》せるのは、その人《ひと》たちだけ。大事《だいじ》な存在《そんざい》なんだよね。

Q.2で答《こた》えたセリフは

あなたが親友《しんゆう》に伝《つた》えたいメッセージ

そのひとことは、あなたがふだんははずかしくて言《い》えないことや、直接《ちょくせつ》言《い》うとおこられちゃうかもって思《おも》っていること。親友《しんゆう》にも伝《つた》えたいね。

Q.3で答《こた》えた期間《きかん》は

あなたが親友《しんゆう》とつき合《あ》う期間《きかん》

その期間《きかん》は、あなたが親友《しんゆう》とこれからどれぐらいいっしょにいたいと願《ねが》っているかをあらわしているよ。クールにあっさり短期間派《たんきかんは》？　永遠《えいえん》を求《もと》める長期間派《ちょうきかんは》？

友情編《ゆうじょうへん》9

てるてるぼうずをつくろう

Q. 明日《あす》は遠《えん》足《そく》。
いいお天《てん》気《き》になりますようにって、
てるてるぼうずをつくるよ。
あなたなら、
どんなてるてるぼうずをつくる？

・友情編《ゆうじょうへん》9のテストでわかるのは

あなたが友《とも》だち関係《かんけい》で願《ねが》っていること

体《からだ》に絵《え》や文字《もじ》をかいた

盛《も》り上《あ》がりたい

あなたは、ワクワクするような友《とも》だちづき合《あ》いが大好《だいす》きな人《ひと》。もっとおもしろいことをしたいって思《おも》っているよ。新《あたら》しい遊《あそ》びやゲームを見《み》つけたら、友《とも》だちに教《おし》えてあげよう。

顔《かお》をかいた

ホンネを言《い》いたい

あなたは、一歩《いっぽ》引《ひ》いてつねに友《とも》だちをたたせてあげようとしている人《ひと》。ホントは、もっと心《こころ》を開《ひら》いてホンネを言《い》いたいって思《おも》っているよ。素直《すなお》に自分《じぶん》の気持《きも》ちを言《い》ってみよ！

形《かたち》だけつくってなにもかかなかった

おだやかな関係《かんけい》を続《つづ》けたい

あなたは、おだやかで安定《あんてい》した友情《ゆうじょう》を長《なが》く続《つづ》けていきたいと思《おも》っている人《ひと》。同《おな》じような毎日《まいにち》がゆったりまったり流《なが》れていけば、それでじゅーぶんだよ。そう思《おも》えるってすごいこと。今《いま》の友《とも》だちを大事《だいじ》にしようね。

友情編《ゆうじょうへん》10

Q. 今夜《こんや》の夢《ゆめ》は？

今夜《こんや》はどんな夢《ゆめ》を見《み》そう？
自由《じゆう》にかいてみてね。

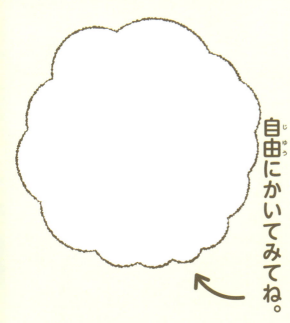

とケンカしない方《ほう》法《ほう》

空《そら》を飛《と》ぶ夢《ゆめ》、宇宙《うちゅう》の夢《ゆめ》、タワーに昇《のぼ》る夢《ゆめ》など、高《たか》いところにいる夢《ゆめ》をかいたあなた

夢《ゆめ》を語《かた》り合《あ》う

大《おお》きくなったらこんなことをしたいとか、中学生《ちゅうがくせい》になったらあのクラブに入《はい》りたいとか、友《とも》だちと将来《しょうらい》のことを語《かた》り合《あ》おう。目《め》をキラキラさせて話《はな》し合《あ》ううち、おたがいに不満《ふまん》なんて消《き》えて飛《と》んじゃうよ。

追《お》いかけられる夢《ゆめ》、お化《ば》けの夢《ゆめ》など、こわくてドキドキする夢《ゆめ》をかいたあなた

なやみを打《う》ち明《あ》ける

小《ちい》さな不安《ふあん》やなやみを打《う》ち明《あ》けてみよう。おたがいのホンネがわからないと、ついあれこれ考《かんが》えすぎてゴカイすることがあるよ。まず自分《じぶん》から心《こころ》を開《ひら》いて話《はなし》をすれば、相手《あいて》もホンネを話《はな》してくれて、もっと強《つよ》いキズナで結《むす》ばれそう。

友情編《ゆうじょうへん》10の
テストでわかるのは

あなたが友《とも》だち

笑《わら》っている夢《ゆめ》、のんびりしている夢《ゆめ》など、遊《あそ》んでいる夢《ゆめ》をかいたあなた

しゅみの話《はなし》で盛《も》り上《あ》がる

しゅみやハマりものの話《はなし》を、友《とも》だちにふってみよう。興味《きょうみ》がある話題《わだい》で盛《も》り上《あ》がれば、それだけでグッと仲《なか》よくなれちゃうよ。ケンカするヒマもないくらい、次《つぎ》から次《つぎ》へとトークが止《と》まらなくなって、楽《たの》しい時間《じかん》を過《す》ごせそう♪

メイクやファッションの夢《ゆめ》、アイドルになるなど、おしゃれに関《かん》する夢《ゆめ》をかいたあなた

相手《あいて》をホメる

友《とも》だちのいいところを見《み》つけて、ホメてあげよう。自分《じぶん》の長所《ちょうしょ》を見《み》てくれているんだってわかったら、相手《あいて》もあなたのことが好《す》きになっちゃうよ。ケンカするどころか、親友《しんゆう》になれちゃう可能性《かのうせい》も★

コラム

友《ゆう》情《じょう》が深《ふか》まるおまじない

いつも使《つか》っている鏡《かがみ》の左《ひだり》下《した》に∞《むげんだい》マークをかこう。その鏡《かがみ》に向《む》かって毎《まい》朝《あさ》とびきりのスマイルをしてみて。クラスの人《にん》気《き》者《もの》になれるよ！

白《しろ》い紙《かみ》を2枚《まい》用《よう》意《い》してね。1枚《まい》にケンカしたコの名《な》前《まえ》、もう1枚《まい》に自《じ》分《ぶん》の名《な》前《まえ》を書《か》こう。重《かさ》ねてくるくる巻《ま》いてから輪《わ》ゴムでとめると、仲《なか》なおりできるよ。

第《だい》4章《しょう》

恋《れん》愛《あい》編《へん》
ときめき♥
恋《こい》のチャンステスト

遠《えん》足《そく》や運《うん》動《どう》会《かい》など、
学《がっ》校《こう》イベントをぶたいに、気《き》になるあの人《ひと》のことや
ラブ作《さく》戦《せん》を診《しん》断《だん》するよ！

恋愛編《れんあいへん》1

どっちを選《えら》ぶ？

Q．1から始《はじ》めて、選《えら》んだ答《こた》えの→の番号《ばんごう》に進《すす》んでね。

Q.1

運動会《うんどうかい》が始《はじ》まるよ！
今日《きょう》のお天気《てんき》は？

晴《は》れ(→Q.2へ)

くもり(→Q.3へ)

Q.2

開会式《かいかいしき》。
今《いま》のあなたの気分《きぶん》は？

自分《じぶん》の出番《でばん》が気《き》になってちょっぴりキンチョー(→Q.4へ)

テンションが上《あ》がる！(→Q.5へ)

Q.3

徒《と》競走《きょうそう》が始《はじ》まったよ。
あなたの走《はし》る順番《じゅんばん》は？

はじめのほう(→Q.5へ)

終《お》わりのほう(→Q.6へ)

Q.4

玉《たま》入《い》れが終《お》わったよ。
勝《か》ったのは赤《あか》？　白《しろ》？

赤《あか》(→Q.7へ)

白《しろ》(→Q.8へ)

Q.5

つな引《ひ》きでとても目立《めだ》ってたコがいたよ。
いったいどんなコ？

小《ちい》さいのに力《ちから》が強《つよ》い(→Q.7へ)

笑《わら》ってマジメにやらない(→Q.9へ)

Q.6

パン食《く》い競走《きょうそう》で使《つか》われたのはどんなパンだった？

コッペパン(→Q.10へ)

あんぱん(→Q.9へ)

Q.7

組体操《くみたいそう》。
次《つぎ》のうち、あなたが
やりたいポジションは
どっち？

いちばん上《うえ》（→Aタイプへ）

下《した》から2段目《だんめ》くらい（→Cタイプへ）

Q.8

借《か》りもの競走《きょうそう》で、
あなたが借《か》りたのは
なに？

メガネ（→Bタイプへ）

くつ（→Dタイプへ）

Q.9

ダンスの音楽《おんがく》、
あなたならどっちで
おどってみたい？

よさこい（→Cタイプへ）

アニメの主題歌《しゅだいか》（→Bタイプへ）

Q.10

閉会式《へいかいしき》のあと、
グラウンドで
落《お》としものを見《み》つけたよ。
それはなんだった？

ハチマキ（→Aタイプへ）

おさいふ（→Dタイプへ）

あなたのステキな恋《こい》のつかみかた

Aタイプ

あこがれの人《ひと》に情熱《じょうねつ》アプローチ

あなたは、前向《まえむ》きで情熱的《じょうねつてき》なタイプ。どうしたらふり向《む》いてもらえるかを考《かんが》えて、アプローチを続《つづ》けるよ。最後《さいご》は努《ど》力《りょく》が実《みの》って、両思《りょうおも》いに★

Bタイプ

しゅみつながりのグループ交際《こうさい》から

あなたは、さわやかな社交家《しゃこうか》さん。しゅみやハマりものが似《に》ている人《ひと》とグループで遊《あそ》んでるうち、自然《しぜん》に両思《りょうおも》いになれちゃいそう！

Cタイプ

つらいときにそばにいた人《ひと》と

あなたは、思《おも》いやりがあってやさしいタイプ。つらいときになぐさめてくれた相手《あいて》に胸《むね》がキュン♥ これが恋《こい》なのかもって気《き》づくよ。

Dタイプ

気《き》づいたら自然《しぜん》に……

あなたは、天然系《てんねんけい》のマイペースタイプ。幼《おさな》なじみみたいな人《ひと》といつのまにかつき合《あ》って、「そういえばずっと好《す》きだったのかも」って思《おも》うかも★

恋愛編《れんあいへん》2

おにぎりの具《ぐ》はなに？

Q. 今日《きょう》は待《ま》ちに待《ま》った遠足《えんそく》！
お弁当《べんとう》のおにぎりの具《ぐ》は、
なんだと思《おも》う？

A　シャケ

B　ツナマヨ

C　うめぼし

D　こんぶ

のアピール方《ほう》法《ほう》

Aを選《えら》んだあなた

長所《ちょうしょ》をほめる

あなたにおすすめなのは、好《す》きな人《ひと》の長所《ちょうしょ》をほめること。「サッカーがうまいね！」とか、「給食《きゅうしょく》をおいしそうに食《た》べるね」とか、ネタはなんでもO《オー》K《ケー》だよ★　いいところをたくさんほめてアピールしていこう！

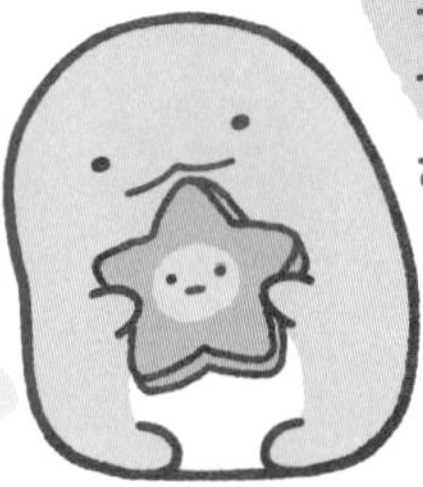

Bを選《えら》んだあなた

笑《え》顔《がお》でアイサツ

あなたにおすすめなのは、好《す》きな人《ひと》に毎《まい》日《にち》にっこりアイサツをすること。はずかしいからといって目《め》をそらさず、きちんと「おはよう」「またね」って言《い》うのがポイントだよ！　好《こう》感《かん》度《ど》アップ、まちがいなし!!

恋《れん》愛《あい》編《へん》2の
テストでわかるのは

あなたにおすすめ

Cを選《えら》んだあなた

なやみを相談《そうだん》する

あなたにおすすめなのは、好《す》きな人《ひと》になやみを相談《そうだん》すること。「最近《さいきん》うっかりミスが多《おお》くて」など、なやみを打《う》ち明《あ》ければ、相手《あいて》も「ホンネを言《い》ってくれるんだ」とびっくり！　心《こころ》のキョリが縮《ちぢ》まるよ★

Dを選《えら》んだあなた

係《かかり》の仕事《しごと》を手伝《てつだ》ってあげる

あなたにおすすめなのは、好《す》きな人《ひと》の係《かかり》の仕事《しごと》を手伝《てつだ》ってあげること。「たいへんそうだね。手伝《てつだ》おうか？」ってさらっと声《こえ》をかければ、「このコやさしいな」と、相手《あいて》のラブメーターがアップしちゃうよ♥

恋愛編《れんあいへん》3

おかしはどれにする？

Q. 遠足《えんそく》に持《も》っていくなら、どのおかしにする？

A スナック

B グミ

C クッキー

D チョコ

たぴおか
たぴおかスナック
すみっコ
キャラメル
はじっこ
カツ
ソース味
ミックス
たぴもち
えびせんべい
はずれ
たぴおか
しろくましゅまろ

なるタイプ

Aを選《えら》んだあなた

おもしろくて
トークじょうずタイプ

あなたが好《す》きになるのは、トークじょうずなタイプ。いろんなことを知《し》っていて、ユーモアたっぷりに話《はな》してくれるような人《ひと》だよ。いつもたくさんの友《とも》だちに囲《かこ》まれているのもミリョクだね!!

Bを選《えら》んだあなた

かわいくてあまえんぼうタイプ

あなたが好《す》きになるのは、あまえんぼうタイプ。まるでワンコみたいにかわいくて、なにかとあなたをしたってくるような人《ひと》だよ。つい、その人《ひと》のためになにかしてあげたくなっちゃう♥

恋愛編《れんあいへん》3の
テストでわかるのは

あなたが好《す》きに

Cを選《えら》んだあなた

思《おも》いやりがあるやさしいタイプ

あなたが好《す》きになるのは、やさしいタイプ。だれに対《たい》してもイヤなことを言《い》わないし、さびしそうなコを見《み》かけると、そっと気《き》づかいできるような人《ひと》だよ。ずっとそばにいてほしくなっちゃう！

Dを選《えら》んだあなた

大人《おとな》っぽいマイペースタイプ

あなたが好《す》きになるのは、どこか大人《おとな》っぽいタイプ。みんなとわいわい盛《も》り上《あ》がっていたかと思《おも》うと、静《しず》かに自分《じぶん》の世界《せかい》に入《はい》っちゃうような人《ひと》だよ。ちょっと不思議《ふしぎ》な人《ひと》が好《す》きみたい。

恋愛編《れんあいへん》4

なんのフルーツ？

Q. クラスのみんなでフルーツがりに行《い》ったよ。
いったいなんのフルーツだったと思《おも》う？

A ぶどう

B なし

C いちご

D りんご

恋愛《れんあい》シチュエーション

Aを選《えら》んだあなた

モテモテラブ

あなたは、好《す》きな人《ひと》以外《いがい》からもアピールされたり、告白《こくはく》されたりしたいって願望《がんぼう》があるよ。特定《とくてい》の人《ひと》とラブラブなのもいいけど、複数《ふくすう》のステキな人《ひと》があなたを取《と》り合《あ》う、なんて展開《てんかい》にドキドキしちゃいそう!!

Bを選《えら》んだあなた

ほっこりラブ

あなたは、恋愛《れんあい》だから特別《とくべつ》ってことはなくて、好《す》きな人《ひと》には、家族《かぞく》や友《とも》だちみたいにずっとそばにいてもらうのが理想《りそう》だよ。「今日《きょう》は天気《てんき》がいいね」なんて言《い》い合《あ》って、ふたりの時間《じかん》をほっこり楽《たの》しむのが好《す》き！

恋愛編《れんあいへん》4のテストでわかるのは

あなたの理想《りそう》の

Cを選《えら》んだあなた

ときめきラブ

あなたは、ふたりでカフェに行《い》ったり、テーマパークでハジけたりと、ワクワクするようなデートを楽《たの》しむのが理想《りそう》だよ。ラブラブな様子《ようす》をSNS《エスエヌエス》にアップして、たくさんの人《ひと》からリアクションをもらうのが夢《ゆめ》♥

Dを選《えら》んだあなた

マイペースラブ

あなたは、好《す》きな人《ひと》のことは大事《だいじ》にするけれど、つき合《あ》っているからってベタベタするのは苦手《にがて》。おたがいマイペースに、心《こころ》はつながってるような関係《かんけい》が理想《りそう》だよ。なんだか大人《おとな》っぽい関係《かんけい》だね。

恋《れん》愛《あい》編《へん》5

景《け》色《しき》をかいてみよう

Q.

遠足《えんそく》で、道《みち》に迷《まよ》っちゃった。
まわりには、どんな景《け》色《しき》が見《み》える？
左《ひだり》ページにかいてみてね。

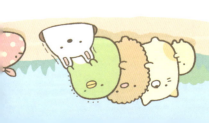

Sumikko

にしてほしいこと

なだらかな道《みち》や静《しず》かな川《かわ》・湖《みずうみ》など、おだやかな自然《しぜん》の絵《え》をかいたあなた

やさしくしてほしい♥

あなたは、好《す》きな人《ひと》に「ステキだね」「だいじょうぶだよ」と、やさしく接《せっ》してほしいと思《おも》っているよ。おしゃれなカフェやレストランに行《い》って、おだやかで落《お》ち着《つ》いた時間《じかん》を過《す》ごすのがあこがれ♥

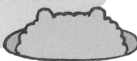

けわしい道《みち》やたきの絵《え》など、きびしい自然《しぜん》の絵《え》をかいたあなた

はげましてほしい♥

あなたは、自分《じぶん》の夢《ゆめ》や目標《もくひょう》に向《む》かってがんばっているタイプ。好《す》きな人《ひと》には、モチベーションが上《あ》がるようはげましてほしいし、シゲキをあたえてほしいと思《おも》ってるよ。いつかふたりで、夢《ゆめ》の実現《じつげん》をお祝《いわ》いしたいね！

恋愛編《れんあいへん》5のテストでわかるのは

あなたが好《す》きな人《ひと》

犬《いぬ》やねこなど、動物《どうぶつ》の絵《え》をかいたあなた

あまえさせてほしい♥

あなたは、好《す》きな人《ひと》にあまえさせてほしいと思《おも》っているよ。さびしいときにいっしょにいてくれたり、つかれたときに「はい、どうぞ」っておかしをさし出《だ》してくれたりすると、胸《むね》がキュン♥

海《うみ》や山《やま》、宇宙《うちゅう》など、スケールの大《おお》きい絵《え》をかいたあなた

新《あたら》しい世界《せかい》を見《み》せてほしい♥

あなたは、知《し》らない場所《ばしょ》へ行《い》ったり、新《あたら》しいスポーツにチャレンジしたりと、今《いま》までやったことのない体験《たいけん》にあこがれがあるタイプ。好《す》きな人《ひと》には、そんなワクワクする新《あたら》しい世界《せかい》へつれて行《い》ってほしいと思《おも》っているよ。

どんな星《ほし》空《ぞら》？

Q.

自《し》然《ぜん》教《きょう》室《しつ》で、星《ほし》を見《み》に行《い》ったよ。
どんなふうに見《み》えた？

A たくさんの星《ほし》がキレイに見《み》えた

B くもっていてあまり見《み》えなかった

C ひとつの星《ほし》が目《め》立《だ》って光《ひか》っていた

D いくつかの星《ほし》が目《め》立《だ》って光《ひか》っていた

sumikkogurashi
sumikkogurashi

あなたの恋愛体質《れんあいたいしつ》

Aを選《えら》んだあなた

浮気《うわき》っぽタイプ

あなたは、ちょっぴり浮気《うわき》っぽいタイプ。気《き》になる人《ひと》が次《つぎ》から次《つぎ》へと出《で》てきちゃうみたい。そんなあなたを夢中《むちゅう》にさせる一番星《いちばんぼし》みたいな人《ひと》に、いつか会《あ》えるといいね。

Bを選《えら》んだあなた

草食《そうしょく》タイプ

あなたは、恋愛《れんあい》にあまり積極《せっきょく》的《てき》じゃないタイプ。好《す》きな人《ひと》ができればアプローチすることもあるけど、ふだんは考《かんが》えてないみたい。しゅみや友情《ゆうじょう》を大事《だいじ》にしたいと思《おも》ってるよ。

Cを選《えら》んだあなた

いちずタイプ

あなたは、好《す》きな人《ひと》にとてもいちずなタイプ。「この人《ひと》！」と感《かん》じたら、ずっと相手《あいて》のことを思《おも》いつづけるよ。両思《りょうおも》いになったら、相手《あいて》のことを考《かんが》えて、とことんつくすよ！

Dを選《えら》んだあなた

肉食《にくしょく》タイプ

あなたは、恋愛《れんあい》にとても積極《せっきょく》的《てき》なタイプ。ちょっとしたことで胸《むね》がキュンとして、たちまち恋《こい》に落《お》ちちゃう。恋《こい》に真《しん》けんで、好《す》きな人《ひと》と両思《りょうおも》いになれるようにがんばるよ。

恋愛編《れんあいへん》7

好《す》きなものを食《た》べるなら？

Q. お誕生日会《たんじょうびかい》で、おすしを食《た》べたよ。好《す》きなネタは、いつ食《た》べる？

A 最初《さいしょ》

B とちゅう

C 最後《さいご》

あなたにおすすめの告《こく》白《はく》

Bを選《えら》んだあなた

友《とも》だちに手《て》伝《つだ》ってもらう告《こく》白《はく》

あなたにおすすめなのは、友《とも》だちに手伝《てつだ》ってもらう告白《こくはく》。気《き》になる相手《あいて》に「今好《います》きな人《ひと》はいるの？」って聞《き》いてもらったり、告白場所《こくはくばしょ》に呼《よ》び出《だ》してもらったりすると、安心《あんしん》♥

Aを選《えら》んだあなた

ストレートに告《こく》白《はく》

あなたにおすすめなのは、ストレートに気持《きも》ちを伝《つた》える告《こく》白《はく》。だれかに間《あいだ》に入《はい》ってもらったり、かけひきしたりしないで、正面《しょうめん》から相手《あいて》にあなたの気持《きも》ちを伝《つた》えよう！

Cを選《えら》んだあなた

じっくり準《じゅん》備《び》する告《こく》白《はく》

あなたにおすすめなのは、時《じ》間《かん》をかけて準備《じゅんび》してからの告《こく》白《はく》。相手《あいて》の好《す》きなタイプを調《しら》べたり、自分《じぶん》に興味《きょうみ》を持《も》ってもらえるようアピールしたり、コツコツ積《つ》み上《あ》げよう！

恋愛編《れんあいへん》8

スイカはどう割《わ》れた？

Q. 夏休《なつやす》みに、スイカ割《わ》りをしたよ。どんなふうに割《わ》れた？

A 真《ま》ん中《なか》でキレイに

B 片側《かたがわ》が小《ちい》さくなった

C 何《なん》個《こ》にも分《わ》かれた

あなたが大人《おとな》になったら どんな恋《こい》をするか

Bを選《えら》んだあなた

胸《むね》キュン 片《かた》思《おも》いラブ

あなたは、ちょっぴりムリめな人《ひと》に片《かた》思《おも》いしそう。あまり話《はな》す機《き》会《かい》がない先《せん》パイだったり、恋《こい》人《びと》のいる人《ひと》だったりして、なかなか気《き》持《も》ちを伝《つた》えられないよ。でも、そのうちふいにチャンスがおとずれるよ。

Aを選《えら》んだあなた

おだやか 両《りょう》思《おも》いラブ

あなたは、相性《あいしょう》のいい人《ひと》とすんなり両《りょう》思《おも》いになれるよ。おたがいに「好《す》き」って気《き》持《も》ちは同《おな》じくらい。バランスがいいから、ムリせずおつき合《あ》いできて、気《き》づいたら結《けっ》婚《こん》……なんてことがあるかもね。

Cを選《えら》んだあなた

モテすぎ浮《うわ》気《き》ラブ

あなたは、たくさんの人《ひと》からモテまくりそう。好《す》きな人《ひと》をひとりにしぼれなくて、まわりから「浮《うわ》気《き》っぽい」とゴカイされることも。それだけモテるって、すごいこと。ステキな経《けい》験《けん》になるといいね。

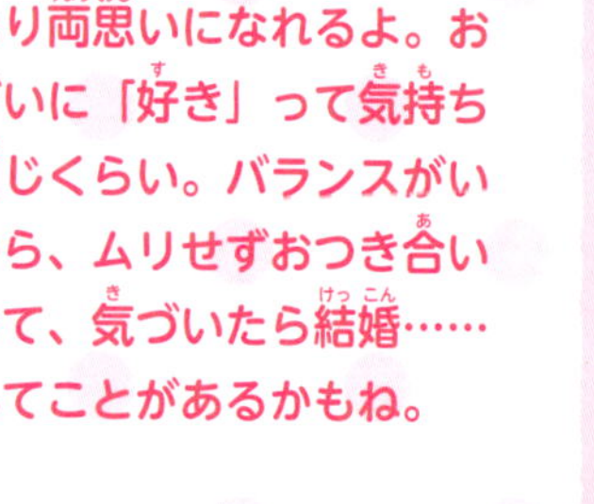

恋愛編《れんあいへん》9

種目《しゅもく》に当《あ》てはめてみよう

Q. 次《つぎ》の運動会《うんどうかい》の種目《しゅもく》に、出場《しゅつじょう》していそうなのはだれ？まわりの人《ひと》たちを当《あ》てはめてみて。

- 徒《と》競《きょう》走《そう》
- 大《おお》玉《だま》転《ころ》がし
- 借《か》りもの競《きょう》走《そう》
- リレー
- 二《に》人《にん》三《さん》脚《きゃく》
- つな引《ひ》き
- ダンス
- パン食《く》い競《きょう》走《そう》

・恋《れん》愛《あい》編《へん》9のテストでわかるのは

あなたがその人《ひと》をどう思《おも》っているか

大《おお》玉《だま》転《ころ》がし

→ドジだけどにくめない

ちょっぴりドジで不《ぶ》器《き》用《よう》なんだけど、なぜかにくめないミリョクがある人《ひと》だと思《おも》っているよ。

リレー

→かっこいいリーダー

大事《だいじ》なときにみんなをまとめてくれる、かっこいいリーダーだと思《おも》っているよ。

つな引《ひ》き

→しっかり者《もの》キャラ

しっかりしていて、たよりになる人《ひと》だと思《おも》っているよ。困《こま》ったときに相談《そうだん》したい相手《あいて》だね。

パン食《く》い競《きょう》走《そう》

→お笑《わら》いキャラ

おもしろトークが楽《たの》しい人《ひと》だと思《おも》っているよ。ギャグがすべっても笑《わら》えちゃう。

徒《と》競《きょう》走《そう》

→がんばり屋《や》さん

まっすぐながんばり屋《や》さん。目《もく》標《ひょう》に向《む》かってパワフルにつき進《すす》む人《ひと》だと思《おも》っているよ。

借《か》りもの競《きょう》走《そう》

→ものしり博士《はかせ》

頭《あたま》がよくて、ものしりで、いざというとき確実《かくじつ》なアドバイスをくれる存在《そんざい》だと思《おも》っているよ。

二《に》人《にん》三《さん》脚《きゃく》

→おだやかでやさしい

やさしくて親切《しんせつ》な人《ひと》だと思《おも》っているよ。まわりのことをつねに気《き》にしてくれているの。

ダンス

→クラスのアイドル

不思議《ふしぎ》と人《ひと》をひきつけるオーラがあると思《おも》っているよ。どこかアイドルみたいな存在《そんざい》。

恋愛編《れんあいへん》10

なにをあげる？

Q. もうすぐクリスマスパーティー。プレゼント交《こう》かんで小物《こもの》をあげるなら、なにを用意《ようい》する？

A マフラー

B ぼうし

C 手《て》ぶくろ

D あみぐるみ

やりがちな恋《こい》の失敗《しっぱい》

Aを選《えら》んだあなた

ソクバクしすぎてウザがられる!?

あなたは、大好《だいす》きだからといって、好《す》きな人《ひと》のプライベートをチェックしてしまいがち。連絡《れんらく》がとれない日《ひ》があると、「なにをしていたの？」「どうして電話《でんわ》に出《で》なかったの？」って確認《かくにん》したくなるよ。ソクバクしすぎに注意《ちゅうい》してね。

Bを選《えら》んだあなた

おとなしすぎて不安《ふあん》がられる!?

あなたは、好《す》きな人《ひと》のことを尊重《そんちょう》するあまり、自《じ》分《ぶん》の意見《いけん》を言《い》わなくなってしまいがち。相手《あいて》から「どうしたい？」って聞《き》かれると、つい「なんでもいいよ」って答《こた》えちゃう。いつもそれだと、相《あい》手《て》も不安《ふあん》になるから、もっと気持《きも》ちを伝《つた》えよう。

恋愛編《れんあいへん》10のテストでわかるのは

あなたが将来《しょうらい》

Cを選《えら》んだあなた

かまいすぎてイヤがられる!?

あなたは、ついつい好《す》きな人《ひと》の世話《せわ》を焼《や》いて、めんどうを見《み》たくなっちゃうよ。「ハンカチ持《も》った？」「忘《わす》れものはない？」と、いちいち確認《かくにん》。愛情《あいじょう》があるからだとわかっていても、かまいすぎると相手《あいて》もイヤ気《け》がさしてきちゃうかも!?

Dを選《えら》んだあなた

あまえすぎてつかれさせる!?

あなたは、ラブラブカップルにあこがれるあまり、好《す》きな人《ひと》にベタベタしすぎちゃいそう。「ねぇねぇ～、○○して～」と、ついあまえがちだけど、いつもあまえてばっかりじゃ相手《あいて》がつかれちゃう!? 自分《じぶん》のことは自分《じぶん》でやろうね！

コラム

恋《こい》がうまくいくおまじない

いつも使《つか》うノートの左《ひだり》下《した》に、
ピンクのマーカーでハートをかこう。
ノートを使《つか》うときに
左《ひだり》手《て》の薬《くすり》指《ゆび》でハートを
タッチすると
ラブパワーがアップするよ。

ピンクのポーチに、
好《す》きな人《ひと》の名《な》前《まえ》と
自《じ》分《ぶん》の名《な》前《まえ》を書《か》いた
紙《かみ》を入《い》れよう。
恋《こい》がうまくいくよ！

第《だい》5章《しょう》

わいわい！みんなで遊《あそ》べる心《しん》理《り》ゲーム

クラスメイトや好《す》きな人《ひと》といっしょに遊《あそ》んで、
盛《も》り上《あ》がっちゃお♥
休《やす》み時《じ》間《かん》や放《ほう》課《か》後《ご》にやってみてね♪

心理《しんり》ゲーム1

好《す》きな行事《ぎょうじ》はなに？

Q.

1年《ねん》にはいろんな行事《ぎょうじ》があるね。
次《つぎ》の4つから、あなたが好《す》きな行事《ぎょうじ》を
ひとつ選《えら》ぼう。
そのあと、
友《とも》だちにもひとつ
選《えら》んでもらおう！

A お正《しょう》月《がつ》

B 夏《なつ》休《やす》み

C クリスマス

D ハロウィン

あなたと友《とも》だちの相性《あいしょう》

<相性表《あいしょうひょう》>

あなた ＼ 友《とも》だち	A	B	C	D
A	相性《あいしょう》まずまず	相性《あいしょう》イマイチ	相性《あいしょう》まずまず	相性《あいしょう》サイコー
B	相性《あいしょう》イマイチ	相性《あいしょう》まずまず	相性《あいしょう》サイコー	相性《あいしょう》まずまず
C	相性《あいしょう》まずまず	相性《あいしょう》サイコー	相性《あいしょう》まずまず	相性《あいしょう》イマイチ
D	相性《あいしょう》サイコー	相性《あいしょう》まずまず	相性《あいしょう》イマイチ	相性《あいしょう》まずまず

Bを選《えら》んだ人《ひと》

明《あか》るくて元気《げんき》いっぱい。わいわいはしゃぐのが大好《だいす》きだよ。

Dを選《えら》んだ人《ひと》

お笑《わら》い好《ず》きだけど、少《すこ》しシャイ。ギャップがミリョク。

Aを選《えら》んだ人《ひと》

マジメながんばり屋《や》さん。ルールを守《まも》るきちんと系《けい》だよ。

Cを選《えら》んだ人《ひと》

おしゃれな社交家《しゃこうか》さん。センスがよく、大人《おとな》っぽいよ。

心理《しんり》ゲーム2

どんなポーズをする？

Q.

友《とも》だちとみんなで、
いっせいに
「うれしい」ポーズを
してみよう。
1、2の3!!

立《た》ち位《い》置《ち》

手《て》の指《ゆび》を広《ひろ》げた人《ひと》(パーにした人《ひと》)

ムードメーカータイプ

みんなのことをこまかに気《き》づかうコだよ。元気《げんき》のないコはいないか、だれかさびしそうにしていないかって、いつもまわりを見《み》ているよ。いないと、グループはバラバラになってしまいがち。ムードメーカーで、とっても大事《だいじ》な存在《そんざい》だよ。

手《て》をピースにした人《ひと》(チョキにした人《ひと》)

モテモテタイプ

男子《だんし》からも女子《じょし》からも人気《にんき》があって、みんなが仲《なか》よくしたがるモテモテタイプだよ。ほかのグループのコたちと話《はな》すとき、かならず中心《ちゅうしん》になるタイプ。人《ひと》と人《ひと》とのつなぎ役《やく》になると、ちょっぴりむずかしいこともうまくいくよ。

心理《しんり》ゲーム2のテストでわかるのは

グループでの

手《て》をにぎりしめた人《ひと》（グーにした人《ひと》）

影《かげ》のリーダータイプ

ふだんはおだやかにしてるけど、じつはみんなを支《ささ》えてるコだよ。困《こま》ったときはリーダーとなって、グループを引《ひ》っぱっていけるタイプ。ここぞというとき、ひとこと言《い》うと、みんなハッとするみたい。たよりにされてるんだね。

心理《しんり》ゲーム3

Q. 好《す》きなアイスはどれ？

友《とも》だちといっしょにやってね。
左《ひだり》ページのイラストを見《み》て、
気《き》になるアイスを「せーの！」で指《ゆび》さそう。

A てっぺんの黄《き》色《いろ》

B 2段《だん》目《め》右《みぎ》のむらさき

C 2段《だん》目《め》左《ひだり》の水《みず》色《いろ》

D 3段《だん》目《め》右《みぎ》のピンク

E 3段《だん》目《め》中《ちゅう》央《おう》のマーブル

F 3段《だん》目《め》左《ひだり》の黄《き》色《いろ》

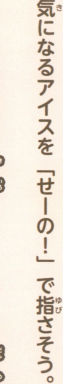

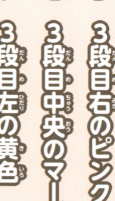

Sumikkogurashi™
Ice cream
penguin tachi no ice cream yasan

・心理《しんり》ゲーム3のテストでわかるのは

だれが最初《さいしょ》に結婚《けっこん》するか

<結婚《けっこん》が早《はや》い順番《じゅんばん》>

早《はや》い　A → E → F → C → D → B　おそい

Bを選《えら》んだ人《ひと》

カンタンに結《むす》ばれなさそうな人気者《にんきもの》と恋《こい》に落《お》ちやすいから、結婚《けっこん》はおそそう。ドラマみたいな展開《てんかい》の恋《こい》をするかも!?

Dを選《えら》んだ人《ひと》

どこか夢見《ゆめみ》がちな、かわいい恋《こい》をしているタイプ。結婚《けっこん》はおそめ。相手《あいて》と結婚《けっこん》のタイミングがズレちゃうことも。

Fを選《えら》んだ人《ひと》

やりたいことを見《み》つけて、コツコツ努力《どりょく》しながら結婚《けっこん》しそう。仕事《しごと》も家庭《かてい》もバランスよくやっていくタイプだよ。

Aを選《えら》んだ人《ひと》

おもしろそうなこと、楽《たの》しそうなことにパッと飛《と》びつくタイプ。ステキな人《ひと》と出会《であ》ったらソッコーで結婚《けっこん》しちゃうよ。

Cを選《えら》んだ人《ひと》

好《す》きなことのために、あっちこっち飛《と》び回《まわ》るうち、運命《うんめい》の人《ひと》に出会《であ》いそう。結婚時期《けっこんじき》は早《はや》くもおそくもないよ。

Eを選《えら》んだ人《ひと》

まわりからすすめられると、「そうかもしれない」と、なんとなくその気《き》になるタイプ。わりと早《はや》めに結婚《けっこん》しそう。

心理《しんり》ゲーム4

どこから食《た》べる？

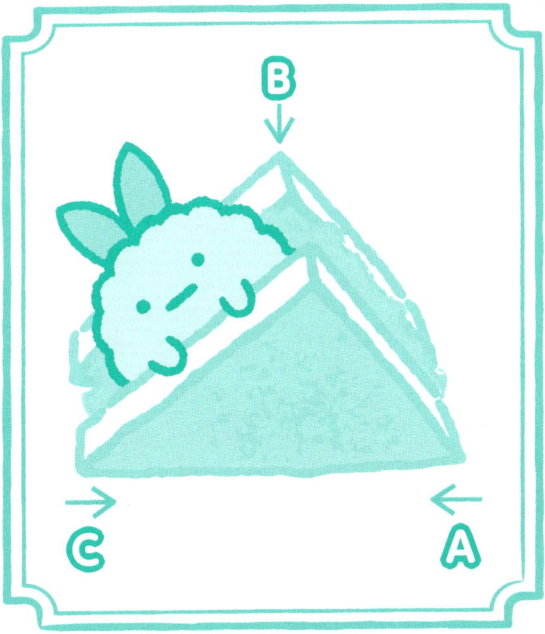

Q.

おいしそうな
サンドイッチがあるよ。
あなたなら、
どこから食《た》べる？
A～Cの中《なか》から選《えら》んでね。
友《とも》だちにも聞《き》いてみよう。

・心理《しんり》ゲーム4のテストでわかるのは

恋《こい》をしたときの相《そう》関《かん》関《かん》係《けい》

<関係図《かんけいず》>

→ライバル　→助《たす》ける

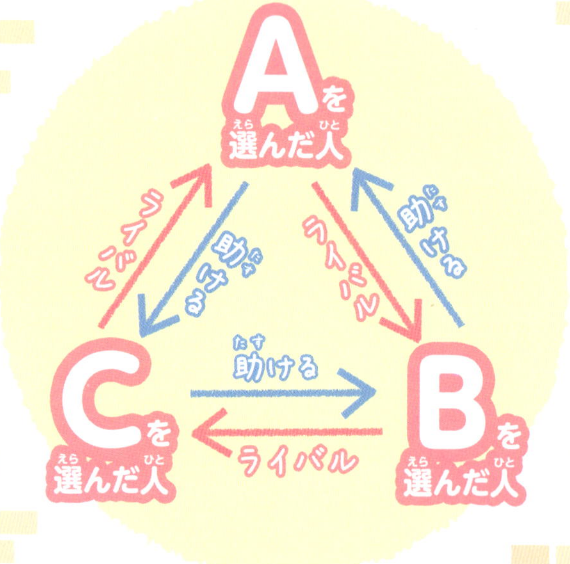

※あなたも友《とも》だちも同《おな》じものを選《えら》んだ場合《ばあい》は、
「ふつう（助《たす》けにもライバルにもならない）」の関係《かんけい》だよ。

心理《しんり》ゲーム5

手《て》にタッチしてもらおう

Q. 手《て》を出《だ》して、好《す》きな人《ひと》にタッチしてもらおう。どんなふうにタッチした？

A　指先《ゆびさき》を指《ゆび》でタッチ

B　手《て》の甲《こう》を指《ゆび》でタッチ

C　指《ゆび》をキュッとにぎった

D　手《て》のひらを重《かさ》ねてきた

どう思《おも》っているか

Aだったら

あこがれの人《ひと》

あの人《ひと》にとって、あなたはあこがれの存《そん》在《ざい》。おしゃれのセンスもいいし、だれとでも楽《たの》しくトークができるあなたのことを、ふだんから一《いち》目《もく》置《お》いているよ。

Bだったら

クラスメイト

あの人《ひと》にとって、あなたはクラスメイト。今《いま》はクラスメイトのひとりって感《かん》じだけど、これからいろんなことを話《はな》していくうちに、きっともっと仲《なか》よくなれるよ♪

心理《しんり》ゲーム5のテストでわかるのは

あの人《ひと》があなたを

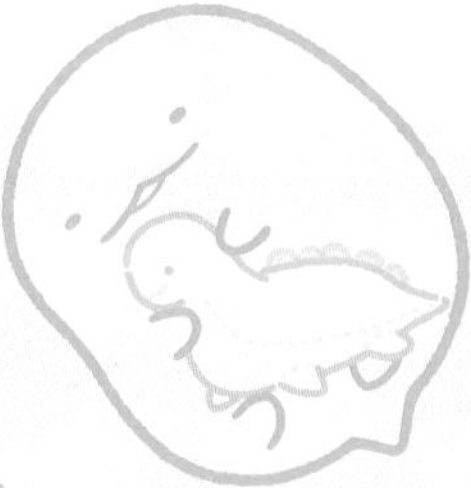

Cだったら

大好《だいす》きな人《ひと》

あの人《ひと》にとって、あなたは大好《だいす》きな存在《そんざい》。なんでも話《はな》せるし、ずっと仲《なか》よしでいたいと思《おも》っているよ。これからもずっとラブラブでいられたらいいね★

Dだったら

妹《いもうと》・弟《おとうと》

あの人《ひと》にとって、あなたは妹《いもうと》・弟《おとうと》みたいな存在《そんざい》。かわいくてちょっぴりあまえんぼうだから、放《ほう》っておけないんだね。相《そう》談《だん》に乗《の》ってくれるのはそのせいかも!?

キラピチブックス
すみっコぐらし 心理テスト 学校編

2018年12月25日　第1刷発行
2020年10月 7 日　第6刷発行

著　者	阿雅佐
キャラクター監修	サンエックス株式会社
発行人	松村広行
編集人	松村広行
編集長	森田葉子
企画編集	森村彩夏
編　集	荻生彩、松本ひな子（株式会社スリーシーズン）
カバー・本文デザイン	佐藤友美
本文デザイン	島村千代子
DTP	株式会社アド・クレール
発行所	株式会社学研プラス
	〒141-8415　東京都品川区西五反田2-11-8
印刷所・製本所	中央精版印刷株式会社

●この本に関する各種お問い合わせ先
・本の内容については、下記サイトのお問い合わせフォームよりお願いします。
https://gakken-plus.co.jp/contact/
・在庫については　Tel 03-6431-1197（販売部直通）
・不良品（落丁、乱丁）については　Tel 0570-000577
学研業務センター　〒354-0045 埼玉県入間郡三芳町上富 279-1
・上記以外のお問い合わせは　Tel 0570-056-710（学研グループ総合案内）